Roswitha Fehrer ·

Das 5-Elemente Kochen im Einklang mit den Jahreszeiten

Roswitha Fehrer

Das *5-Elemente* Kochen im Einklang mit den Jahreszeiten

250 Rezepte für die ganze Familie

ENNSTHALER VERLAG, A-4400 STEYR

Widmung

Dieses Kochbuch widme ich einer äußerst liebenswerten „Hexe Wilma", welche den Finger am Auslöser hatte und meinem Mann, der alle meine Experimente „überstand", die 5-Elemente-Küche inzwischen genießt und die blutdrucksenkenden Mittel in die Schublade wandern ließ.

Hinweis

Autor, Verleger, Berater, Vertreiber, Händler und alle anderen Personen, die mit diesem Buch in Zusammenhang stehen, können weder Haftung noch Verantwortung für eventuelle Nachteile oder Schäden übernehmen, die direkt oder indirekt aus den in diesem Buch gegebenen Informationen resultieren oder resultieren sollen. Bitte, konsultieren Sie Ihren Arzt.

ISBN 978-3-85068-538-2

Umschlaggestaltung: Gertrud Kirschenhofer, Wien
Gesetzt aus der ITC Clearface

5. Auflage 2011

Ennsthaler Gesellschaft m. b. H. & Co KG, A-4400 Steyr

Inhaltsverzeichnis

Einleitung

Das Prinzip der Ernährung bzw. des Kochens nach den 5 Elementen der traditionellen chinesischen Medizin beruht darauf, die Gesundheit zu erhalten oder Unausgewogenheit (Krankheit), hervorgerufen durch konstitutionelle Veranlagung, falsche Ernährung, klimatische oder jahreszeitliche Einflüsse auszugleichen.
Um nach dem Prinzip der 5 Elemente kochen zu können, bedarf es der Kenntnis über:

I. Yin und Yang, Qi
II. 5 Elemente
III. die geschmackliche, thermische und energetische Wirkung von Nahrungsmitteln
IV. Kochen im Einklang mit den Jahreszeiten

Denn die Ernährung soll nicht nur dazu dienen, die körperlichen Bedürfnisse, wie Hunger, Durst und Geschmack zu befriedigen, sondern sie kann gezielt nach o.a. Kriterien vorbeugend oder sogar bis zu einem gewissen Grad als Heilmittel eingesetzt werden. Voraussetzung ist, daß hochwertige (= vollwertige) und natürlichste Grundnahrungsmittel verwendet werden.
Auch die Mikrowelle findet keinen Platz in der chinesischen Medizin. Die in der Mikrowelle zubereiteten oder erwärmten Speisen sind denaturiert und ohne Energie.

I. Yin, Yang und Qi

Yin = die Substanz, Säfte und Blut, die Kälte
Yang = Verdampfung, Verbrennung, Wärme
Qi = Yin und Yang zusammen „die Bewegungs – Energie“

Jedes Organ unseres Körpers besteht aus einem Yin-Anteil und einem Yang-Anteil zu gleichen Teilen; lediglich das Herz hat 90% Yang und 10% Yin. Sind Yin und Yang ausgeglichen, also halten sie sich die Waage, bedeutet das Gesundheit – es befinden sich alle Organe in Harmonie zueinander. Aber je nachdem wie Yin oder Yang sich verschieben, kommt es zu Unausgewogenheiten und nach einiger Zeit zu Krankheiten. Man spricht dann entweder von Fülle- oder Mangelzuständen.

Yin – Fülle = ein Übermaß an Kälte und Feuchtigkeit
Yang – Fülle = ein Übermaß an Hitze

Yin – Mangel = *dem Körper fehlt es an Feuchtigkeit und Blut (Blutarmut)*
Yang – Mangel = *Unterfunktion aller Organe durch Kälte*

Je nach konstitutioneller Veranlagung gibt es Yin- und Yang Typen, es ist daher sehr wichtig oder besser gesagt, es ist notwendig, seinen Konstitutionstyp festzustellen, um die guten und schlechten Einflüsse der Nahrungsmittel auf den jeweiligen Typus nützen bzw. vermeiden zu können.

Yang – Typ = Hitzetyp

Die wesentlichen Erscheinungsmerkmale sind:
Laute Stimme, rotes Gesicht, stämmige Statur, rote Zunge, dicke Augenbrauen, festes Bindegewebe, leicht erregbar – explosiv, sehr ungeduldig, fleischige Ohren, kleine Augen, Neigung zu Bluthochdruck, fiebert sehr schnell, Neigung zu Herzinfarkt, Hirnschlag, Neigung zu entzündlichen Krankheiten wie Prostatitis, Zahnfleischbluten, dunkler Urin, trockener Stuhl, Hämorrhoiden, dunkles Blut bei Menstruation und Abneigung gegen Hitze.
Schmerzverhalten = sehr wehleidig und Verschlechterung bei Wärme und Bewegung.

Yin – Typ (Kältetyp)

Die wesentlichen Erscheinungsmerkmale sind:
Geschwächtes Aussehen, sehr blasses Gesicht, feiner Knochenbau, weiches Bindegewebe, dünne, schmale Augenbrauen, dünne Ohren, leise Stimme, Abneigung gegen Kälte, sehr unsicher, depressiv, Angst, grübelnd, verträumt und Hypotonie, kann schlecht verdauen, die Nahrung bleibt liegen, Blähungen, Urin ist hellgelb bis farblos und zu viel Urinausscheidung. Die Zunge ist eher blaß, Ausbruch von kaltem Schweiß, langer Zyklus mit hellem Blut, breiiger Stuhl.
Schmerzverhalten = Verbesserung bei Wärme, Verschlechterung im Liegen.

Yin- und Yang-Kochmethoden:

Speisen kann man yangisieren, indem man sie z.B. grillt, fritiert, bratet, backt man kann sie aber auch yinisieren, indem man sie kocht, dünstet, blanchiert, dämpft oder im Wasserbad kocht.

Yang – Nahrungsmittel sind
z.B. Wurst, alle geräucherten Fleischarten, Muscheltiere, Hartkäse, Lammfleisch, Hühnerfleisch, Hülsenfrüchte, Nüsse und Eier.

Yin – Nahrungsmittel sind
alle Gemüsesorten, Blattsalate, Früchte, Algen.
Um Ihnen die Auswahl der für Sie geeigneten Kochmethode und der Ihnen zuträglichen Lebensmittel zu erleichtern, einige Beispiele:

Ein Yang-Typ sollte eher erfrischende und kühle Nahrungsmittel zu sich nehmen und Yin – Kochmethoden anwenden. Die Speisen sollten milde zubereitet werden und viel Rohkost sollte verzehrt werden, Vegetarismus, Yin – Nahrungsmittel und Chlorophyllkur als Fasten wäre angebracht. Ausgesprochen verboten wäre Muskat, Nelken, Chili, Knoblauch, Lammfleisch, Yogi-Tee und Schnaps – also alle harten Getränke.

Als Yin-Typ benötigen Sie erwärmende Nahrungsmittel und Yang – Kochmethoden, würzige Zubereitung, überwiegend gekochte Nahrungsmittel, Fleisch, Yang-Nahrungsmittel und zum Fasten Getreidekuren.
Verboten sind Chicoree, Endivie, Joghurt, Dickmilch, Getreidekaffee, Pfefferminztee und Südfrüchte.
Neutral zu kochen bedeutet Energie, z.B. Yin-Nahrungsmittel (d.h. kalte) zu yangisieren (fritieren, backen etc.), es ist übrigens die beste Art für Yin-Typen zu kochen.

II. Die 5 Elemente

Die da sind: Holz – Feuer – Erde – Metall – Wasser

Die Elemente folgen einander in einer bestimmten Reihenfolge und füttern sich – man spricht von einem Fütterungszyklus oder förderndem Zyklus.

Holz nährt Feuer – daraus entsteht Asche = Erde, aus Erde wird Metall gewonnen, Metall macht Wasser lebendig und Wasser wird von Holz zum Wachsen benötigt.

Außerdem ist jedem Element ein spezifischer Geschmack zugeordnet, so, wie wiederum jedes unserer Organe einem der 5 Elemente zugeordnet ist. Dadurch wird es möglich, Aussagen über die Wirkung der einzelnen Elemente auf die Organe zu machen.

Ebenso werden die Lebensmittel je nach Geschmack und Wirkung auf die Organe den 5 Elementen zugeordnet. Da alle Organe durch Meridiane verbunden sind, d. h. ein Organ ernährt das andere und Energie fließt von einem zum anderen, werden durch das Kochen nach den 5 Elementen in der Form des Fütterungszyklus alle Organe versorgt. Somit habe ich eine ganzheitliche Ernährung erreicht, dem Körper wird Energie in ausgewogener und harmonischer Form zugeführt.

Holz: *diese Energie wird durch die Leber bewegt*

Feuer: *entspricht dem Organ Herz (Kreislauf) und beinhaltet die spirituellen Aspekte*

Erde: *wird der Mitte des Körpers zugeteilt*
Magen – Milz – Bauchspeicheldrüse hier entsteht durch Essen und Trinken ENERGIE

Metall: *die Lunge sorgt dafür, daß die Säfte im Körper verteilt und bewegt werden*

Wasser: *Nieren und Blase binden, schützen und bewachen die Substanz.*

III. Geschmackliche, thermische und energetische Wirkung von Nahrungsmitteln

Jedes Element vertritt seinen spezifischen Geschmack:

Holz = *sauer*
Feuer = *bitter*
Erde = *süß*
Metall = *scharf*
Wasser = *salzig*

und innerhalb jedes Elementes gibt es thermisch ***heiße***, ***warme***, ***neutrale***, ***erfrischende*** und ***kalte*** Nahrungsmittel. Je nach thermischer Zuordnung wirken sie auch energetisch verschieden.

kalte Lebensmittel: *fördern das Absenken des Yang (Hitze)*
erfrischende Lebensmittel: *fördern die Blut- und Säftebildung*
neutrale Lebensmittel: *fördern das Qi = Energie*

warme Lebensmittel:	*wirken gegen Yang-Mangel (Kälte)*
heiße Lebensmittel:	*schützen vor Yang-Leere (Kälte) besonders im Winter*

IV. Die Jahreszeiten

Die chinesische Medizin sieht 5 Jahreszeiten vor und diese sind wiederum den 5 Elementen zugeordnet:

Der Frühling verkörpert das Element	*HOLZ*
Der Sommer das Element	*FEUER*
Die Erntezeit das Element	*ERDE*
Der Herbst das Element	*METALL*
Der Winter das Element	*WASSER*

Die Jahreszeiten beginnen in diesem System schon 36 Tage vor unserer Einteilung. Wenn Sie die Natur genau beobachten, dann können Sie das selbst feststellen. Haben Sie schon einmal darauf geachtet, daß z.B. die Amseln schon Mitte Februar zu singen beginnen! So manche Frühlingsblumen schon zum Vorschein kommen!

Demzufolge sollte man sich natürlich auch entsprechend den klimatischen Verhältnissen der Jahreszeiten ernähren. Im Winter wärmend durch Verwendung warmer bis heißer Nahrungsmittel und längerer Kochzeiten, nicht, wie es der Wohlstand erlaubt, daß wir das ganze Jahr über „alles" angeboten erhalten. Im Winter werden Zitrusfrüchte, Bananen und Gurken konsumiert, also Nahrungsmittel, die thermisch eiskalt sind, und im Sommer den Körper kühlen sollen. Im Winter kühlen sie den Körper auch – aber der Körper benötigt zum Ausgleich der klimatisch bedingten Kälte – ***Wärme***! Die Folge davon – ständige Verkühlungen – das Immunsystem ist gestört! Im Sommer wird häufig gegrillt, womöglich noch Lammfleisch (= heiß) mit scharfen Gewürzen (heiß) – wir erhitzen unseren Körper, anstatt ihn als Ausgleich zu den klimatischen Verhältnissen (warme Jahreszeit) zu ***kühlen***!

Wenn man den jeweiligen Konstitutionstyp und die Jahreszeit berücksichtigt, man die entsprechende Auswahl der Lebensmittel, des individuellen Kochverfahrens, sowie die richtige Art und Weise der Zubereitung trifft, kann man Speisen von energetisch hoher Qualität kreieren, die eine ausgleichende Wirkung haben.
Dem Buch beigelegt finden Sie ein Plakat, auf dem die gängigsten Lebensmittel nach den eben beschriebenen Kriterien eingeteilt sind. Wenn Sie sich mit dieser Liste vertraut machen, werden Sie sehen, wie einfach man

nach den 5 Elementen kochen kann. Darf ich Ihnen noch schnell einen Tip geben? Kleben Sie besagtes Plakat einfach auf die Kühlschranktür (ich habe es so gemacht – und es hat sich als sehr praktisch erwiesen), so können Sie während des Kochvorganges immer gleich nachsehen, welche Zutat jetzt drankommt, um in der Reihenfolge der Elemente zu bleiben.

Zu meinen Rezepten möchte ich noch bemerken, daß sie so verfaßt sind, daß sie die Gesundheit erhalten und der jeweiligen Jahreszeit entsprechen. An Ihnen liegt es nun, sie für sich zu akzeptieren, oder sie je nach Ihrem Konstitutionstyp abzuwandeln, indem Sie zu „heiße" Zutaten einfach weglassen oder durch „kühlere" ersetzen.

Liegt bei Ihnen aber ein echtes Krankheitsbild vor, empfiehlt es sich, eine einschlägig ausgebildete Ernährungsberater(in) aufzusuchen, oder jemanden hinzuzuziehen, der eine Ausbildung in der traditionellen chinesischen Medizin hat. Denn um Nahrung therapeutisch einsetzen zu können, muß die genaue Ursache der Erkrankung festgestellt werden.

Nun noch einige Tips, die Sie unbedingt beachten sollten:

1) Lebensmittelkombinationen die toxisch ***(giftig)*** sind:
Die Folge davon sind Blockaden – Stagnation – Feuchtigkeit. Feuchtigkeit ist die Erklärung für ***Gewichtszunahme***!

Käse und Fisch, z.B. wenn Sie Fisch mit Käse überbacken
Obers und Fisch, z.B. Fisch in Soße mit Obers „verfeinert"
Fisch als Hauptgang und süße Nachspeise.
Kaffe mit Milch oder Obers oder Dickmilch (führt zu Feuchtigkeit in Leber und Galle = Hitze)
Süße Milchprodukte und Zitrusfrüchte oder Früchtetee.
Zitrusfrüchte und Früchtetee und Ei, z.B. bei „englischem Frühstück"
Kuchen und Weizenbier
Müsli und Früchtetee

Kinder sollten überhaupt keinen Tee trinken – besser ist Getreidekaffee.

2) Kauen Sie gut, besonders Getreide, die Verdauung des Getreides beginnt im Mund. Durch langes Kauen entwickelt der Speichel Enzyme, die das Getreide basisch werden lassen.

3) Beste Qualität der ausgewählten Lebensmittel, frisch und naturbelassen – geben Sie der Qualität statt der Quantität den Vorzug. Denken Sie: „Das Beste ist gerade gut genug"!

4) Das Essen sollte warm beginnen! Ein kalter Ofen kann nicht brennen, dies führt zu Stagnation im Magen und das Essen liegt lange im Magen, daraus ergibt sich langsame Verdauung. Ebenso sollte das Essen nie mit Eis oder thermisch kaltem Obst abgeschlossen werden. Die Folge davon ist: Feuchtigkeit – Stuhlgang ist breiig – Völlegefühl – Stagnation – Müdigkeit – Blähungen. Trinken Sie auch nicht kalt zum Essen – dies hat dieselbe Wirkung.

5) Genauso wichtig, wie sich richtig zu ernähren, ist es, nicht in Extreme zu verfallen. Jeder Fanatismus ist schädlich. Das Jahr hat 365 Tage, wenn Sie sich an 3oo Tagen davon vernünftig ernähren, können Sie ruhig mal sündigen und Sie werden sehen – Sie haben dann auch kein schlechtes Gewissen.

6) Und noch etwas möchte ich Ihnen ans Herz legen: ein ganz wichtiger Faktor sind die Emotionen. Vermeiden Sie Haß, Neid, Frust, Streß (soweit es im heutigen Leben möglich ist). Versuchen Sie positiv zu denken; ganz wichtig ist eine gute partnerschaftliche Beziehung.

7) Kochen Sie gerne und gesund, Ihr Körper und Ihre Familie werden es Ihnen danken.

Bevor Sie mit dem Kochen beginnen einige Erklärungen und Tips:
Alle Rezepte sind für 4 Personen gedacht, außer es ist jeweils besonders vermerkt

F = Feuer
E = Erde
M = Metall
W = Wasser
H = Holz

Nach der Zugabe jeden Elementes rühren sie kurz um und warten Sie ein wenig, bevor Sie die nächste Zutat beifügen. Halten Sie die Reihenfolge der Elemente unbedingt ein, sonst ist der Fütterungszyklus unterbrochen. Haben Sie eine Zutat vergessen, können Sie um 1 Element zurückgehen. *z.B.: Sie haben als letztes ein Metall-Element in den Topf gegeben und wollen noch ein Erdelement einfügen. Gehen Sie folgendermaßen vor: geben Sie ein Erdelement dazu und fahren Sie aber wieder mit einem Metallelement fort. Haben Sie jedoch ein Feuerelement vergessen, müssen Sie z.B. nach dem M-Element ein W-Element, ein H-Element in den Topf geben, dann erst können Sie das Feuerelement hinzufügen, das Sie vergessen haben.*

Es erscheint momentan etwas irritierend, aber sehen Sie einfach auf die Lebensmittelliste und suchen Sie sich Zutaten aus, die zu Ihrem Gericht passen, es muß ja immer nur eine kleine Prise sein, dadurch bekommen die Gerichte oft eine wunderbare Geschmacksrichtung, Ihrer Phantasie sind keine Grenzen gesetzt.

Noch etwas möchte ich Ihnen erklären: wenn Sie in einem Rezept M/E bei Zwiebel sehen, dann bedeutet das, daß Zwiebel in Fett angedünstet süß wird und in das Erdelement wandert, dasselbe passiert mit Petersilie.

Ihre
Fekker Romilla

Rezeptteil

Frühling

*

Es ist die Zeit des Überganges zu einer
wärmeren Jahreszeit, es ist die Zeit der Bewegung
und des Wachstums, daher viel Grün
und Sprossen – sie symbolisieren beides und Grünkern
entgiftet die Leber. Auch sollte
zu kürzeren Kochzeiten übergegangen werden.

*

14. 2. – 26. 4.

Kräutersuppe

Zutaten:

1 mittelgroßen Kopf Salat klein schneiden
250 g Spinat in Streifen schneiden
100 g Brennessel in Streifen schneiden
1 Bd. Frühlingszwiebel klein schneiden
50 g Sauerampfer klein schneiden
2 EL Öl, 1/2 Tasse Obers, 2 Eigelb;
Pfeffer und Muskatnuß frisch gemahlen, Meersalz

F heißer Topf, etwas Wasser hineingeben und zum Kochen bringen (kochendes Wasser ist im Feuerelement, kaltes im Wasserelement), damit das Öl nicht so stark erhitzt wird, das ist gesünder.
E Öl heiß werden lassen
M Frühlingszwiebel andünsten
W mit 1/2 l Wasser ablöschen
H Sauerampfer dazugeben
F Kopfsalat dazugeben
E Spinat und Brennessel dazugeben

alles zusammen weich kochen und anschließend im Mixer pürieren, dann wieder in den Topf geben.

M Prise Pfeffer unterrühren
E Obers mit Eigelb verrühren und in die Suppe einrühren (Alternative bei Milchunverträglichkeit ist Sojamilch)
M Prise Muskatnuß dazugeben und mit
W Meersalz abschmecken.

Grünkernnockerlsuppe

Zutaten:

1/4 l	*Wasser*
4o g	*Butter*
	Muskatnuß frisch gerieben, Meersalz, Thymian
1oo g	*feines Grünkernschrot*
1	*Ei*
1l	*Gemüsebrühe*

F in einem Topf das Wasser zum Kochen bringen
E Butter einrühren
M Muskatnuß dazugeben – umrühren
W salzen
H Grünkernschrot einrühren (Hitze zurückschalten) und so lange rühren, bis sich der Teig als glatter Kloß vom Boden des Topfes löst – etwas abkühlen lassen.
F Prise Thymian unterheben
E das ganze Ei unterrühren

Gemüsebrühe zum Kochen bringen, mit einem Eßlöffel (Profis nehmen zwei) Nockerl abstechen und in der Gemüsebrühe ca. 2o Min. ziehen lassen.

M Sie können die Suppe noch mit feingehackter Petersilie oder mit Schnittlauch bestreuen.

Dinkelschrotsuppe

Zutaten:

4 EL	*feines Dinkelvollkornschrot*
1 kl.	*Zwiebel fein gehackt*
1l	*Gemüsebrühe*
2oo g	*Knollensellerie fein gerieben*
2 EL	*Olivenöl*
1/2 Bd.	*Petersilie, Thymian, 1/2 TL Liebstöckl, Meersalz*

F	heißer Topf
H	Dinkelschrot goldgelb anrösten
F	Prise Thymian dazugeben – verrühren
E	Olivenöl unterrühren
M/E	Zwiebel andünsten
E	Gemüsebrühe angießen und 15 Min. leise köcheln lassen
E	Sellerie in die Suppe geben und nochmals aufwallen lassen
M	Petersilie und Liebstöckl dazugeben – umrühren und mit
W	Salz abschmecken.

Ein Tip:

Versuchen Sie, Ihre Gerichte möglichst so hinzudrimmen, daß das Salz gegen Ende oder zum Schluß der Zubereitung in den Topf kommt, sie sind dann leichter verdaulich. Wenn Salz als Schlußpunkt gesetzt wird ist das deshalb sehr gut, weil dann das Element Wasser = Salz am meisten wirkt und damit die Nieren am meisten tonisiert, und das ist immer gut. Also immer dasjenige Element das den Schlußpunkt setzt, kommt am meisten zur Wirkung.

Chinesische Gemüsesuppe

Zutaten:

4o g	*feine Glasnudeln mit kochendem Wasser übergießen und quellen lassen, 1o Min.*
1l	*Gemüsebrühe*
1	*roter Paprika in Streifen geschnitten*
1oo g	*Weißkraut in feine Streifen geschnitten*
1oo g	*Bambussprossen in feine Streifen geschnitten*
15o g	*Maiskörner*
15o g	*Champignon feinblättrig geschnitten*
8o g	*Sojabohnensprossen*
1/2 Bd.	*Frühlingszwiebel in feine Ringe geschnitten*
1/2 Bd.	*Schnittlauch in Röllchen schneiden*
2 EL	*Sojasoße*
2 EL	*Balsamicoessig*
	Pfeffer frisch gemahlen, Tabasco, Meersalz

F heißer Topf
E Gemüsebrühe zum Kochen bringen,
E Paprika, Champignon, Weißkraut,
Bambus und Maiskörner einlegen und umrühren
M Frühlingszwiebel unterrühren und das Ganze bißfest kochen
M Glasnudeln (sind aus Reis) dazugeben, sowie Pfeffer,
Tabasco und Schnittlauch
W Sojasauce und Meersalz dazugeben
H Sojasprossen dazugeben und nochmals aufwallen lassen und mit
H Balsamicoessig abschmecken.

Balsamicoessig ist der beste Essig, je älter er ist, umso besser schmeckt er, leisten Sie sich diese Köstlichkeit. Dieser Essig schadet auch nicht, im Gegenteil er wirkt durchblutungsfördernd.

Eintopf mit Grünkern und Gemüse

Zutaten:

6 EL	*Grünkernschrot*
1	*Zwiebel fein gehackt*
4 EL	*Olivenöl*
1	*Knoblauchzehe fein gerieben*
2 EL	*Hefeflocken, Paprika edelsüß*
1/2 kg	*grüne Bohnen in ca. 4 cm lange Stücke schneiden*
2	*Karotten in dünne Scheiben geschnitten*
	Curry, Muskat, Bohnenkraut, Meersalz
300 g	*Tomaten in Würferl schneiden*
15o g	*Sauerrahm oder Joghurt*

F	heißer Topf
E	Olivenöl darin erhitzen
M/E	Zwiebel anschwitzen
M	Knoblauch dazugeben und ebenfalls kurz anschwitzen
W	mit 1/2 l Wasser ablöschen
H	Grünkernschrot einrühren und Hefeflocken
F	Paprika unterrühren
E	Bohnen dazugeben, ebenso die Karotten und ca. 15 Min. auf kleiner Flamme köcheln, Platte ausschalten und nochmals 15 Min. ausquellen lassen.
M	Prise Curry, frisch gemahlene Muskatnuß und Bohnenkraut unterrühren
W	salzen, ist das Ganze zu dick, dann rühren Sie etwas Wasser unter
H	Tomaten unterheben und nochmals kurz aufkochen
H	Sauerrahm unterrühren.

Hefeflocken sind eine herrliche Alternative, wenn Sie im Zyklus kochen und ein H-Element brauchen, sie haben wenig Eigengeschmack wirken aber geschmacksverstärkend und sind außerdem sehr gesund.

Grünkernlaibchen

Zutaten:

15o g	*mittelgrober Grünkernvollkornschrot*
5o g	*mittelgrober Dinkelvollkornschrot*
1	*Knoblauchzehe fein gerieben*
1	*Zwiebel fein gehackt*
3 EL	*Olivenöl*
4 EL	*Hefeflocken, 1/2 TL Oregano, 1 TL Curry, 1/2 Bd. Dill gehackt*
1/2 Bd.	*Petersilie fein gehackt, Meersalz*
2	*Eier*

F	heißer Topf
E	Olivenöl heiß werden lassen
M/E	Zwiebel andünsten
M	Knoblauch dazugeben und kurz andünsten
W	1/2 l Wasser angießen
H	Grünkern- u. Dinkelschrot einrühren und auf kleiner Flamme ca. 15 Min. zugedeckt köcheln lassen. Dazwischen öfters umrühren, damit nichts anbrennt. Dann die Herdplatte ausschalten und zugedeckt nochmals 15 Min. ausquellen lassen.
H	Hefeflocken unterheben
F	Oregano unterrühren
E	Eier unterrühren
M	Curry, Dill und Petersilie unterheben und
W	salzen

Kleine runde, flache Laibchen formen und in Öl braten.
Dazu passen alle Salate aber auch eine Rahmsoße schmeckt wunderbar dazu.

Sie können, wenn Sie auf Ihren Cholesterinspiegel achten müssen, die Laibchen im Rohr backen und dann entweder mit frischem Olivenöl oder mit Butter bestreichen, das schmeckt fast noch besser.
Zu stark erhitztes Fett ist hauptsächlich für zu hohen Cholesterinspiegel verantwortlich.

Grünkernknödel mit Lauchgemüse

Zutaten:

25o g	*Grünkern grob geschrotet*
2	*Lorbeerblätter*
1 TL	*Selleriesalz, 1 TL Senf,*
2	*Eier*
1	*Würfel Gemüsebrühe*
2	*Knoblauchzehen fein gerieben*
1 EL	*Sojasoße, 1 TL Paprika,*
3 TL	*Majoran, Pfeffer frisch gemahlen*

F heißer Topf mit 1/2 l Wasser füllen und zum Kochen bringen
E Würfel Gemüsebrühe aufkochen
M Lorbeerblätter einlegen
W Selleriesalz dazugeben
H Grünkernschrot einkochen und 15 Min. bei geschlossenem Topf köcheln lassen, öfters umrühren und dann auf der ausgeschalteten Herdplatte nochmals 15 Min. ausquellen lassen.
F Paprika untermischen
E Eier unterheben
M Pfeffer, Majoran, Knoblauch, Senf unterheben
W mit Sojasoße abschmecken und salzen

Mit nassen Händen Knödel formen (nicht zu groß) und in kochendem Salzwasser ca. 2o Min. ziehen lassen.

Lauchgemüse

Zutaten:

2 EL	*Butterschmalz*
2	*Zwiebeln klein schneiden*
400 g	*Lauch in feine Ringe schneiden*
	frisch geriebenen Pfeffer und Muskatnuß, Meersalz
50 g	*Sauerrahm*

F	heiße Pfanne
E	Butterschmalz erhitzen
M/E	Zwiebel darin andünsten
M	Lauch dazugeben und ca. 5 Min. dünsten
M	Pfeffer und Muskat als Würze
W	salzen
H	Rahm unterrühren

Sind Sie ein Yang-Typ? Dann ist das Lauchgemüse für Sie nicht geeignet – zu heiß! Ich empfehle ihnen Weißkraut in Bechamelsoße dazu, das schmeckt ebenso gut.

Aus dem Teig für Grünkernknödel können Sie auch Laibchen formen und diese braten, oder Gnocchi, die Sie im Rohr mit Käse überbacken – wunderbar.

Nehmen Sie niemals Butter zum Braten, stark erhitzte Butter wird toxisch = giftig! Butterschmalz kann man höher erhitzen.

Grünkernbraten

Zutaten:

2 EL	*Butterschmalz oder Öl*
2	*Zwiebeln fein gehackt*
2	*Karotten in kleine Würfel geschnitten oder grob geraffelt*
1	*Stange Lauch in Ringe geschnitten*
2oo g	*Grünkern mittelgrob geschrotet*
1 TL	*Thymian, 1 TL Estragon,*
2	*Eier*
8o g	*Nüsse gerieben*
1oo g	*Emmentaler oder anderen Hartkäse gerieben*
8o g	*Semmelbrösel, Pfeffer frisch gemahlen und Muskat, Meersalz*

F	heißer Topf
E	Butterschmalz erhitzen
M/E	Zwiebel andünsten
E	Karotten dazugeben und kurz andünsten
M	Lauch dazugeben und kurz andünsten
W	mit 4oo ml Wasser aufgießen
H	Grünkern einkochen und 15 Min. köcheln bei geschlossenem Topf (öfters umrühren), dann die Herdplatte ausschalten und nochmals 15 Min. ausquellen lassen. – Etwas überkühlen.
F	Thymian unterrühren
E	Estragon, Eier, Nüsse und Semmelbrösel unterheben
M	mit Pfeffer, Muskatnuß und Emmentaler vermischen
W	salzen

Den Teig zu einem Braten formen und in einer gefetteten Auflaufform im vorgeheizten Rohr bei ca. 2oo Grad 5o Min. backen. Vor dem Aufschneiden 1o Min. zugedeckt ruhen lassen.

Köstlich dazu schmeckt nachstehende Rahmsoße.

Rahmsoße

Zutaten:

1	*Zwiebel sehr klein gehackt*
1/2 Bd.	*Petersilie fein hacken*
1 TL	*kalt gepreßtes Sonnenblumenöl*
1/4 l	*Gemüsebrühe*
1 EL	*kalte Butter*
1 EL	*Weizenvollkornmehl*
1/4 l	*Sauerrahm oder Schafjoghurt, Kräutersalz, Pfeffer frisch gemahlen, Saft von 1/2 Zitrone*

F	heißer Topf
E	Öl erhitzen
M/E	Zwiebel andünsten
M/E	Petersilie andünsten
E	Gemüsebrühe angießen und 15 Min. kochen lassen, dann pürieren und wieder in den Topf geben und mit Weizenmehl verknetete Butter in die Soße einrühren und aufkochen lassen,
M	mit Pfeffer würzen
W	salzen
H	Rahm und Zitronensaft unterrühren.

Spinatkräuterbraten

Zutaten:

2 EL	*Butterschmalz od. Öl*
5oo g	*Spinat in grobe Streifen schneiden*
1	*Zwiebel kleinschneiden*
8 alte	*Semmeln in 1/4 l Gemüsebrühe einweichen*
2–3 EL	*Semmelbrösel*
1 Tasse	*Sauerrahm*
4	*Eier*
1/2 Bd.	*Estragon, 1/2 Bd. Petersilie, 1/2 Bd. Schnittlauch zerkleinern*
2	*Knoblauchzehen fein gerieben*
2–3 EL	*Weizenmehl*
	Meersalz

F	heißer Topf
E	Butterschmalz erhitzen
M/E	Zwiebel glasig dünsten
E	Spinat dazugeben und andünsten bis er zusammenfällt, vom Feuer nehmen und mit
E	zerpflückten Semmeln, Eiern, Estragon und Semmelbröseln mischen
M	Knoblauch, Petersilie und Schnittlauch unterheben
W	Meersalz unterrühren
H	Rahm und Weizenvollmehl dazugeben und zu einer kompakten Masse verarbeiten

In eine gefettete Auflaufform geben und bei 22o Grad ca. 45 Min. backen. Mit Tomaten- oder Käsesoße, oder mit Salat servieren.

Auflauf mit Spinat, Getreide und Champignon

Zutaten:

1/2	*Zwiebel klein geschnitten*
1	*Knoblauchzehe fein gerieben*
1/2 l	*Gemüsebrühe*
200 g	*Champignon feinblättrig schneiden*
600 g	*Spinat waschen, verlesen und noch tropfnass in einen Topf geben und zugedeckt 5 Min. dünsten. Dann auf ein Brett legen – überkühlen lassen und grob hacken*
4 EL	*Öl, Pfeffer frisch gem.*
100 g	*weichen Schafkäse oder Topfen*
4 EL	*Ziegen- oder Schafkäse fest!*
2–3	*Eier*
200 ml	*Milch oder Sojamilch*
200 g	*Grünkern- oder Dinkelschrot, Meersalz, Muskatnuß frisch gerieben und 1 TL Thymian.*

F	heißer Topf
E	Öl oder Butterschmalz erhitzen
M/E	Zwiebel glasig dünsten
E	Champignon andünsten
E	Gemüsebrühe angießen
M	Knoblauch und Pfeffer dazugeben und umrühren
W	mit Meersalz abschmecken
H	Getreideschrot einrühren und mit
F	Thymian würzen

und 15 Min auf kleiner Flamme zugedeckt köcheln, öfters umrühren, dann die Herdplatte ausschalten und 15 Min. ausquellen lassen. Eine Auflaufform einfetten, den Spinat darin verteilen, aus dem Getreidebrei Nocken ausstechen und auf den Spinat setzen und mit folgender Soße übergießen:

H	Topfen in eine Schüssel geben
F	Ziegen- od. Schafkäse grob geraffelt unterrühren
E	Eier und Milch unterrühren und mit
M	mit Muskat würzen
W	mit Salz abschmecken

dann ca. 30–40 Min. bei 200 Grad backen.

Mit Spinat gefüllte Teigrollen dazu Tomatensoße

(eine köstliche Sonntagsüberraschung)

Zutaten für Teigrolle:

25o g	*Weizen- oder Dinkelvollmehl (oder gemischt)*
2	*Eier*
2 EL	*kaltgepreßtes Olivenöl,*
3–4 EL	*Wasser*
1/2 TL	*Meersalz, Basilikum*
1 kg	*Spinat waschen, verlesen und tropfnass in einen Topf geben und erhitzen bis er zusammenfällt, Flüssigkeit abgießen und auskühlen lassen*
4o g	*Butterschmalz*
3 EL	*Mandelstifte in einer Pfanne ohne Fett goldgelb rösten*
4 EL	*Parmesan*
2oo g	*Topfen, Pfeffer und Muskat frisch gerieben*

E	Eier in eine Schüssel geben mit dem Olivenöl verrühren
M	eine Prise Basilikum unterrühren
W	Wasser einrühren und mit Meersalz würzen
E	Mehl einarbeiten und auf einem Brett ca. 1o Min. lang kneten und zugedeckt 3o Min. ruhen lassen.
H	Butterschmalz erhitzen
E	Spinat dazugeben, ebenso die Mandelstifte und verrühren
M	Parmesan unterrühren (wenn Sie Peccorino nehmen, dann zum Schluß nach dem H-Element unterrühren, da Peccorino aus Schafmilch erzeugt wird und harter Schafkäse ist Element Feuer)
M	Pfeffer und Muskat unterrühren
W	mit Meersalz abschmecken und zuletzt den
H	Topfen unterheben.

Den Teig zu 2 Platten von ca. 25x5o cm Größe ausrollen, auf ein Geschirrtuch legen, jeweils mit der halben Fülle bestreichen und aufrollen. Die Rollen locker in das Geschirrtuch wickeln (wie Serviettenknödel), die Enden zusammenbinden und in einem großen Topf ca. 3/4 Std. köcheln.
Inzwischen bereiten Sie die Tomatensoße zu.

Zutaten für Tomatensoße:

750 g	*Tomaten, ganz reife oder aus der Dose, ganz klein gewürfelt, Zwiebel fein gehackt*
1 EL	*Olivenöl, 1 Zehe Knoblauch fein gerieben, Lorbeerblatt, Pfeffer frisch gemahlen, Meersalz, Thymian*
1 EL	*Zucker*
1/2 Bd	*Petersilie und 1/2 Bd. Basilikum oder 1 TL getrocknetes*

F	heißer Topf
E	Olivenöl erhitzen
M/E	Zwiebel glasig dünsten
M	Knoblauch kurz andünsten, Lorbeerblatt und Pfeffer dazugeben
W	mit Meersalz abschmecken
H	Tomatenwürfel unterrühren
F	Thymian unterrühren und ca. 15 Min. köcheln lassen
E	Zucker unterrühren
M	mit Petersilie und Basilikum würzen und nochmals aufwallen lassen.

Die gekochten Rollen in etwas dickere Scheiben schneiden, in eine gebutterte Auflaufform setzen, mit flüssiger Butter bestreichen und mit Parmesan bestreuen.
Das Gericht nochmals kurz ins Rohr schieben, zudecken, damit sich das Aroma voll entfalten kann.
Mit der Soße servieren.

Kartoffel mit Spinat aus der Pfanne oder Wok

Zutaten:

1 kg	*kleine Kartoffel in der Schale kochen, schälen, größere zerteilen*
7oo g	*Spinat waschen, verlesen, in Salzwasser blanchieren, abtropfen und grob hacken*
2 EL	*Butterschmalz oder Öl*
75 g	*Cashewnüsse grob zerteilen und in einer Pfanne ohne Fett goldgelb rösten*
1 Bd.	*Frühlingszwiebel schräg in ca. 1/2 cm breite Ringe schneiden*
1	*Knoblauchzehe fein reiben*
2 Kugeln	*Mozzarella in ca. 1 cm große Würfel schneiden*
	Meersalz, Pfeffer und Muskat frisch gerieben, Thymian

E	Butterschmalz in der Pfanne erhitzen
E	Kartoffel unter Rühren 5 Min. braten
E	Cashewnüsse dazugeben und kurz mitbraten
E	Spinat unterheben
M	Frühlingszwiebel und Knoblauch dazugeben und unter Rühren 3 Min. braten
M	mit Pfeffer und Muskat würzen
W	salzen
H	Mozzarella darüber verteilen und zum Schluß
F	Thymian darüberstreuen

den Deckel der Pfanne oder des Wok schließen und auf der ausgeschalteten Herdplatte stehen lassen, bis der Mozzarella zerlaufen ist.

Eignet sich wunderbar als kleines Abendessen oder als luxuriöse Beilage!

Topfenauflauf mit Spinat und Sesam

Zutaten:

5oo g	*Spinat waschen, verlesen, in kochendem Wasser blanchieren und abtropfen lassen*
2	*Zwiebeln klein schneiden*
2 EL	*Butterschmalz oder Öl*
3	*Knoblauchzehen fein gerieben*
75o g	*Topfen (entweder Kuh-, Ziegen- oder Schaftopfen)*
2	*Eier und*
2	*Eigelb*
	Meersalz, Pfeffer und Muskat frisch ger.
4 EL	*Sesam*

F	heißer Topf
E	Butterschmalz oder Öl erhitzen
M/E	Zwiebel glasig dünsten
E	Spinat unterheben
M	Knoblauch, Pfeffer und Muskat unterrühren
W	mit Meersalz abschmecken
H	Topfen unterheben
F	Prise Paprika unterrühren
E	Eier und Eigelb unterrühren.

Eine feuerfeste Form einfetten, mit der halben Sesammenge ausstreuen und die Spinatmasse einfüllen, mit dem restlichen Sesam bestreuen und bei 2oo Grad 4o–5o Min. backen.

Strudel mit 3 Füllen zur Auswahl

Zutaten für Teig:

25o g	*Dinkel- oder Weizenvollmehl*
1/2 TL	*Meersalz*
2 EL	*kaltgepreßtes Olivenöl und ca.*
1o EL	*Wasser*

aus obigen Zutaten einen Teig kneten und 6o Min. zugedeckt rasten lassen. Dies ist die Teigmenge für jeweils 1 Fülle.

Zutaten für Fülle 1:

1 Bd.	*Frühlingszwiebel mit dem Grün in feine Ringe schneiden*
1,5 kg	*Spinat waschen, verlesen und tropfnass in einem Topf erhitzen bis Spinat zusammenfällt und abtropfen lassen*
3 EL	*Olivenöl*
2oo g	*Topfen*
2	*Eigelb, 3 EL Haferschrot oder Haferflocken*
1 Bd.	*Petersilie fein gehackt und*
1 TL	*getrocknetes Liebstöckl und Beifuß*
	Meersalz

F	heißer Topf
E	Olivenöl erhitzen
M/E	Frühlingszwiebel dünsten vom Herd nehmen und mit
E	Spinat und Eigelb mischen
M	Petersilie, Liebstöckl und Haferschrot unterheben
W	salzen
H	Topfen unterrühren
F	mit Beifuß würzen

Zutaten für Fülle 2:

2 EL	*Olivenöl*
25o g	*festen Schafkäse zerbröseln*
15o g	*Zwiebel kleinschneiden*
3oo g	*rote und grüne Paprika in Streifen schneiden*
3 Zehen	*Knoblauch fein reiben*
1 kg	*mildes Sauerkraut (sonst auswässern) klein schneiden*
	Meersalz und frisch gemahlenen Pfeffer

F	heißer Topf
E	Olivenöl erhitzen
M/E	Zwiebel glasig dünsten
E	Paprika kurz anrösten
M	Knoblauch und Pfeffer unterrühren
W	salzen
H	Sauerkraut unterheben und das Ganze ca. 1o Min. zugedeckt dünsten, vom Herd nehmen
F	und den Schafkäse unterheben.

Zutaten für Fülle 3:

1 Bd.	*Frühlingszwiebel in feine Rollen schneiden*
2 gr.	*Stangen Lauch in feine Rollen schneiden*
2 EL	*Olivenöl*
1	*Knoblauchzehe fein gerieben*
125 g	*Hartkäse reiben*
25o g	*Topfen*
2	*Eier*
1 Bd.	*Schnittlauch fein schneiden*
1 TL	*Kümmel, Pfeffer frisch gemahlen,*
	Prise Paprika und Meersalz

F	heißer Topf
E	Olivenöl erhitzen
M/E	Frühlingszwiebel andünsten
M	Lauch und Knoblauch dazugeben und kurz dünsten, vom Herd nehmen und etwas überkühlen lassen
M	Hartkäse, Schnittlauch, Pfeffer und Kümmel unterheben
W	mit Meersalz abschmecken
H	Topfen unterrühren
F	Paprika unterrühren
E	Eier unterheben

Teig in 2 Teile teilen, so dünn als möglich ausrollen, dann rollen Sie den Teig auf den Nudelwalker und legen Sie ihn auf ein Geschirrtuch, pinseln Sie ihn etwas mit Öl ein, geben Sie jeweils die halbe Fülle darauf, einrollen, an den Enden umschlagen und ganz vorsichtig auf ein geöltes Backblech legen. Der Teig reißt sehr leicht, darum mache ich den Strudel immer geteilt auf zwei kleine. Dann mit Öl bestreichen und bei 2oo Grad ca. 4o Min. backen.

Sauerkrautauflauf

Zutaten:

1/2 kg	*Sauerkraut mild oder ausgewässert*
8	*Sojawürstchen*
1	*Karotte in dünne Scheiben schneiden*
1 Bd.	*Frühlingszwiebel mit dem Grünen in feine Ringe schneiden*
2	*Äpfel in kleine Würfel schneiden oder grob raffeln*
3 EL	*Olivenöl*
4	*Tomaten gewürfelt*
4oo g	*Kartoffel schälen und in Würfel schneiden*
3	*Eier*
1 Tasse	*Gemüsebrühe*
1/2 Bd.	*Petersilie, 1/2 Bd. Schnittlauch klein schneiden, Thymian, Pfeffer frisch gemahlen, Meersalz, 1 Kästchen Kresse,*
2 Becher	*Sauerrahm*

F heißer Topf
E Olivenöl erhitzen
E Karotte andünsten
E Würstchen in Scheiben schneiden und dazugeben
M Frühlingszwiebel unterrühren und kurz anrösten
W mit Salz würzen nur eine Prise (ist nur als Übergang zum Element Holz gedacht)
H Äpfel, Sauerkraut und Tomatenwürfel unterheben
F 1 TL Thymian zugeben und umrühren
E Kartoffelwürfel dazugeben und umrühren
M Schnittlauch, Petersilie und Pfeffer unterrühren
W mit Salz abschmecken

Die Masse in eine gefettete Auflaufform füllen und mit folgender Soße übergießen

H Rahm in einen Rührbecher geben
F Prise Thymian unterrühren
E Eier und die Gemüsebrühe unterrühren
M Kresse unterheben
W etwas salzen

mit Alufolie abdecken und bei 2oo Grad 1 Std. garen.

Gefüllte Ofenkartoffel

Zutaten:

4	*ganz große (je 25o g) Kartoffel oder 8 mittlere schälen*
5o g	*Butter, Majoran, Meersalz, Paprika, Pfeffer frisch gemahlen, Muskatnuß*
4 EL	*Sauerrahm*
25o g	*Broccoliröschen ganz klein schneiden*
15o g	*festen Schafkäse zerbröseln*
1	*Paprikaschote ganz fein würfeln*
1	*Zwiebel ganz fein hacken,*
2	*Frühlingszwiebeln fein hacken*
1oo g	*Creme fraiche*
1	*Apfel grob geraffelt*
2 EL	*Kürbiskerne klein hacken, 2 EL gehackte Petersilie*
2	*Tomaten klein würfeln*
5o g	*eingelegte Oliven fein hacken*
2oo g	*Zucchini fein raffeln*
2 EL	*Olivenöl, 2 EL Parmesan,1 Kugel Mozzarella in Scheiben schneiden*
4o g	*geriebener Hartkäse*
250 g	*Sauerkraut*

E bei den Kartoffeln den Deckel abschneiden und bis auf einen 1 cm dicken Rand aushöhlen und mit Butter ausstreichen
M mit Majoran ausstreuen und mit
W Salz würzen

Ofen auf 2oo Grad vorheizen und nachstehende Füllen bereiten:

Fülle 1:

H Sauerrahm in eine Schüssel geben und
F eine Prise Paprika unterrühren
E Broccoli unterrühren
M Frühlingszwiebel unterrühren
W salzen

Fülle 2:

H Sauerkraut kleingeschnitten in eine Schüssel geben
F Schafkäse unterheben
F Prise Paprika unterrühren
E Paprikawürfel unterheben
M Zwiebel unterrühren
M Prise Pfeffer unterrühren

Fülle 3:

H Creme fraiche in eine Schüssel geben und
H Äpfel unterrühren
F Prise Paprika dazugeben und umrühren
E die gehackten Kürbiskerne unterrühren
M Petersilie, Pfeffer und Muskatnuß
W salzen

Fülle 4:

H Tomaten in eine Schüssel geben
F Oliven unterrühren
E Zucchini unterheben und das Olivenöl
M ger. Parmesan und frisch gemahlenen Pfeffer
W salzen

Die Kartoffel füllen, Deckel wieder draufgeben und in Alu-Folie wickeln und etwa 1 Std. garen.

Folie öffnen, Deckel abheben und Kartoffel mit Fülle 1–3 mit geriebenem Käse bestreuen, Kartoffel mit Fülle 4 mit Mozzarella belegen und nochmals im Rohr überbacken.

Zartes Gemüse mit Käse

Zutaten:

7oo g	*junge Karotten der Länge nach halbieren*
2 Bd.	*Frühlingszwiebel putzen, nur die unansehnlichen grünen Stengel weggeben*
5oo g	*Spinat in einem Topf erhitzen und zusammenfallen lassen und abtropfen*
1 Zehe	*Knoblauch fein reiben*
5o g	*Gouda fein reiben*
7o g	*Ricotta zerbröseln*
7o g	*Edelpilzkäse klein würfeln*
2 EL	*Zitronensaft*
	Meersalz, Pfeffer und Paprika

F fingerhoch kochendes Wasser in eine große, flache Auflaufform geben
E Karotten einschlichten und zugedeckt 15 Min. bißfest garen die Form aus dem Ofen nehmen, die Karotten zur Seite schieben und in die Mitte
M die Frühlingszwiebel legen und mit Pfeffer bestreuen
W salzen
H mit Zitronensaft betreufeln
F mit Paprika leicht bestäuben und zugedeckt weitere 1o Min. garen. Die Form aus dem Rohr nehmen und den
E Spinat rund um das Karotten und Zwiebelgemüse schichten (das Gemüse etwas zusammenrücken)
M Spinat mit fein geriebenem Knoblauch bestreuen und pfeffern und mit
W Salz würzen.

Nun den geriebenen Gouda auf die Karotten geben, den Ricotta auf den Spinat und den Edelpilzkäse auf den Zwiebeln verteilen und bei 25o Grad unter dem Grill ca. 4–5 Min. gratinieren.

Als Beilage gedacht oder mit getoastetem Weißbrot oder Knäckebrot ein herrliches, leichtes Abendessen.

Chinesische Gemüsepfanne

Zutaten:

25o g	*Tofu in Würfel schneiden und in 2o g Butterschmalz braun braten*
3oo g	*Chinakohl in Streifen schneiden*
2oo g	*Frühlingszwiebel in Streifen schneiden*
15o g	*Staudensellerie in Ringe schneiden fein*
15o g	*Karotten stifteln oder grob raffeln*
1	*Knoblauchzehe fein reiben*
2oo g	*Sojasprossen*
1 Stk	*frischen Ingwer, ca. 2 cm frisch gerieben oder 1 TL getrockneten*
1–2 TL	*Curry, eine Prise Piment, Meersalz, Kurkuma, Sesamöl*
2 EL	*Sonnenblumen- oder Kürbiskerne*
2 EL	*Sojasoße*

F heißer Topf
E Sesamöl erhitzen
M Knoblauch anrösten
E Karotten, Staudensellerie und Chinakohl dazugeben und kurz anrösten
M Frühlingszwiebel, Ingwer, Piment und Curry unterrühren und ca. 3 Min. braten
W Sojasoße unterrühren, 1 Tasse Wasser zugießen, mit Salz abschmecken und nochmals 5 Min. dünsten
H Sojasprossen dazugeben (wenn man will, kann man noch einen Spritzer Zitronensaft und 2 EL Tomatenmark unterrühren)
F Kurkuma unterrühren
E Tofuwürfel und etwas frisches Sesamöl (wenn man will 1 EL braunen Zucker) unterheben
E mit Sonnenblumen- oder Kürbiskernen bestreuen.

Sprossenpuffer

Zutaten:

1	*Zwiebel fein hacken*
3oo g	*Sojasprossen*
1oo g	*frisch gemahlenes Weizen- oder Dinkelmehl*
2	*Eier*
	Pfeffer, Kräutersalz, Prise Paprika,
	Öl zum Ausbacken

H	Mehl in eine Schüssel geben
F	Prise Paprika unterrühren
E	Eier unterrühren
M	Zwiebel unterheben
M	Basilikum unterheben
W	salzen und wenn die Masse zu dick ist, etwas Wasser dazugeben
H	Sprossen unterheben

Den Teig in kleine Puffer formen und in Öl backen.
Dazu paßt Salat oder Rahmsoße.

Rotkohlrouladen mit Bulgur

Zutaten:

4 große	*oder 8 kleine Rotkohlblätter (vom Rotkohl den Strunk herausschneiden, dann den ganzen Kohl in einen Topf mit kochendem Wasser geben und ca. 15 Min. köcheln lassen, abschrecken, so kann man die Blätter ganz leicht lösen)*
15o g	*Bulgur (gebrochener Weizen, bekommt man in türkischen Läden) in 1/2 l Wasser einweichen ca. 1/2 Stunde*
1	*Zwiebel fein gehackt*
2oo g	*Champignon feinblättrig geschnitten*
1	*Knoblauchzehe fein gerieben*
3 EL	*Weizenvollmehl, 3 EL Getreidesprossen,*
1 TL	*Thymian,*
4 EL	*Petersilie fein gehackt,*
3 EL	*Walnüsse fein gehackt, 2 Eier,*
1 TL	*Basilikum, Meersalz, Olivenöl, Pfeffer frisch gemahlen,*
25o ml	*Apfelsaft*
125 ml	*Gemüsebrühe und Zahnstocher*

F heißer Topf
E Olivenöl erhitzen
E Champignon dazugeben und kurz anrösten
M Zwiebel und Knoblauch dazugeben und kurz dünsten
W Das Einweichwasser vom Bulgur angießen und kurz aufkochen
H Bulgur einrühren und garen.
Vom Herd nehmen und abkühlen lassen.

H Getreidesprossen und Dinkelvollmehl unterheben
F Thymian unterheben
E Eier und Walnüsse unterrühren,
M Petersilie und Basilikum unterrühren
W salzen

Die blanchierten Kohlblätter mit obiger Masse füllen, die Seiten der Blätter zur Mitte hin einschlagen und dann aufrollen und mit Zahnstochern zusammenstecken.
In einer Pfanne Olivenöl erhitzen, Rouladen einschichten.
Apfelsaft und Gemüsebrühe mischen und die Hälfte davon über die Rouladen gießen und 1o Min. garen, wenden, mit der zweiten Hälfte des Apfelsaft-Gemüsebrühegemisches übergießen und ca. 2o Min. garen. Mit Salz und Pfeffer abschmecken.

Weizenkrapfen

Zutaten:

14o g	*Weizenvollmehl*
1/4 l	*Gemüsebrühe*
5o g	*Butter*
	Muskat frisch gerieben, Pfeffer und Meersalz
1oo g	*Weizenkeime, Prise Paprika*
4–5	*Eier*
4o g	*Maizena*
125 g	*Parmesan gerieben*
1 Bd.	*Schnittlauch in feine Röllchen geschnitten*

F	heißer Topf
E	Gemüsebrühe mit der Butter zum Kochen bringen
M	Prise Muskatnuß und Pfeffer dazugeben
W	salzen
H	Weizenmehl einkochen und mit dem Kochlöffel so lange rühren, bis sich der Teig vom Kochtopfboden löst, vom Feuer nehmen
H	Weizenkeime untermischen
F	Prise Paprika dazugeben und umrühren
E	Eier und Maizena unterrühren
M	Parmesan und Schnittlauch unterheben

Mit einem EL Krapfen ausstechen und in heißem Öl fritieren.

Dazu paßt Frischkäse mit Kräutern und frischer Salat.

Spinatnockerl

Zutaten:

2oo g	*fein passierter Spinat*
25o g	*feines Dinkelmehl*
1/16 l	*Milch oder Sojamilch*
1	*Ei*
1	*Knoblauchzehe fein gerieben*
1/2 Bd.	*Petersilie fein gehackt,*
	Muskatnuß fein gerieben und Meersalz

E Spinat in eine Schüssel geben
E mit Ei und Milch vermengen
M Knoblauch, Muskat und Petersilie unterrühren
W salzen
H Mehl einarbeiten und einen geschmeidigen Nockerlteig herstellen und 2o Min. quellen lassen.

Dann in leicht gesalzenem Wasser garen, abseihen und abschrecken. 1 Zwiebel hacken und in Öl goldgelb anrösten, Nockerl dazugeben kurz überhitzen und mit Parmesan bestreut servieren.

Salat paßt ausgezeichnet dazu!

Hühnerragout

Zutaten:

600 g	*Hühnerfleisch in Würfel geschnitten*
100 g	*fetter Speck klein schneiden*
4	*Zwiebeln in Scheiben schneiden*
	Meersalz, weißer Pfeffer,
1	*Zehe Knoblauch fein reiben*
4 Tassen	*warmes Wasser*
2	*Paprikaschoten in Streifen schneiden*
300 g	*gekochte weiße Bohnen*
300 g	*Maiskörner*
100 g	*Semmelbrösel*
4	*Tomaten in Würfel schneiden*
150 g	*tiefgekühlte Erbsen*

H	Hühnerfleisch mit
F	Paprika vermischen
E	in einer Pfanne Speck anbraten und das Hühnerfleisch ca. 10 Min. braten
M	Zwiebel und Knoblauch dazugeben und kurz mitrösten
M	pfeffern
W	salzen und mit Wasser aufgießen und ca. 30 Min. schmoren
W	Bohnen dazugeben und umrühren
H	Tomaten dazugeben und umrühren
F	Prise Paprika unterrühren
E	Paprikastreifen, Maiskörner, Brösel und Erbsen unterrühren

und ca. 10 Min. köcheln.

Als Beilage gebackene Kartoffel oder Reis.

Huhn mit Reis

Zutaten:

600 g	*Hühnerbrust in Streifen von 1x3 cm schneiden*
6 EL	*Olivenöl,*
2	*Zwiebeln fein hacken*
2	*Zehen Knoblauch fein reiben, Meersalz*
125 g	*Rohschinken in Streifen schneiden*
1	*rote und 1 grüne Paprikaschote in Streifen geschnitten*
200 g	*Tomaten achteln*
8	*eingelegte Oliven in Scheiben schneiden*
100 g	*Champignon in Scheiben schneiden*
150 g	*Basmatireis*
200 g	*Erbsen, Oregano, Majoran und weißer Pfeffer*

H	Hühnerfleisch mit
F	Oregano vermischen
E	in eine Pfanne mit heißem Olivenöl geben und braun braten
E	Rohschinken, und Paprikastreifen unterrühren
M	Zwiebel und Knoblauch unterrühren und ca. 3 Min. schmoren
W	salzen
H	Tomaten unterrühren
F	Oliven unterrühren
E	Champignon dazugeben
M	mit Majoran und frisch gemahlenem Pfeffer würzen und 15 Min. schmoren.

Reis kochen und kurz vor dem Fertiggaren Erbsen untermischen und zum Huhn servieren.

Sauerkrautsalat

Zutaten:

2oo g	*Brokkoli ganz fein schneiden*
1	*rote Paprika fein in Streifen schneiden*
1	*Zwiebel in Ringe schneiden*
1/2 Bd.	*Schnittlauch in feine Röllchen schneiden*
2 EL	*Balsamicoessig, Prise Paprika,*
1 TL	*Kren fein gerieben,*
	Pfeffer und Meersalz
4oo g	*Sauerkraut etwas geschnitten*
2 EL	*Pinienkerne in einer Pfanne ohne Fett goldgelb rösten*
4 EL	*Olivenöl*

E	Paprikastreifen in eine Schüssel geben
E	Brokkoli unterheben
M	Zwiebel und Schnittlauch unterrühren
W	salzen
H	Sauerkraut untermischen
H	Balsamicoessig unterrühren
F	Prise Paprika unterrühren
E	Olivenöl untermischen
M	Kren und Pfeffer unterrühren

vor dem Servieren die Pinienkerne über den Salat streuen.

Sojasprossensalat

Zutaten:

25o g	*blanchierte Sojasprossen*
2oo g	*Radicchio fein schneiden*
1oo g	*rote Zwiebel in Ringe schneiden*
1	*Apfel gestiftelt*
1 EL	*Zitronensaft, 2 EL Balsamicoessig,*
6 EL	*Olivenöl, 3 EL trockener Weißwein*
1 Bd.	*Schnittlauch fein geschnitten, Pfeffer und Meersalz*

H Sojasprossen in eine Schüssel geben
H mit dem Apfel, Zitronensaft und Balsamicoessig mischen
F Radicchio unterheben
E Olivenöl unterrühren
M Zwiebel unterheben
M Schnittlauch, Pfeffer und den Weißwein unterheben
W mit Salz abschmecken.

Weizenkeime – Salat

Zutaten:

100 g	*Weizenkeime*
1	*kleiner Salat zerteilen*
200 g	*Zucchini grob raspeln*
150 g	*Karotten fein raspeln*
200 g	*Blattspinat, waschen und verlesen, die Stiele entfernen*
2 EL	*Creme fraiche oder Joghurt*
2 EL	*Sonnenblumenöl*
2 EL	*Sonnenblumenkerne*
1 EL	*Senf*
2 EL	*Hefeflocken, Saft von 2 Orangen, Meersalz und Pfeffer*

H Weizenkeime in eine Schüssel geben und
F Salat untermischen
E Zucchini, Karotten und Spinat unterheben und mit folgendem Dressing vermischen

E Creme fraiche (Wenn Sie Joghurt nehmen, müssen Sie es zum Schluß mit dem H-Element zufügen.)
E mit Öl und Sonnenblumenkernen verrühren
M den Senf unterrühren und mit Pfeffer würzen
W salzen
H Hefeflocken und Orangensaft unterrühren.

Frühlingssalat

Zutaten:

1	*kleiner Kopf Radiccio in Streifen schneiden*
1oo g	*Wildkräuter, wie Löwenzahn, Sauerampfer, Brunnenkresse in mundgerechte Stücke zupfen!*
1	*Apfel in ganz feine Blättchen schneiden*
1oo g	*Hartkäse gerieben*
1oo g	*Weizenkeimlinge*
2	*Eigelb, 4 EL Olivenöl, 1 EL Senf, 2 EL Balsamicoessig, Estragon, Honig, Pfeffer, Meersalz, etwas Zitronensaft,*
3 EL	*Sauerrahm*

H Apfel in eine Schüssel geben und sofort mit
H Zitronensaft vermischen
H Weizenkeimlinge und Sauerampfer unterheben
F Radiccio und Löwenzahn unterheben
E Estragon untermischen
M Emmentaler und Brunnenkresse unterheben

und mit folgender Marinade vermischen:

E Olivenöl mit Eigelb verrühren
M Senf einrühren bis die Marinade cremig wird
E Honig nach Geschmack unterrühren
M mit Pfeffer würzen
W salzen
H Sauerrahm und Balsamicoessig unterrühren.

Feldsalat

Zutaten:

1oo g	*rote Linsen in Salzwasser weich kochen*
1oo g	*Feldsalat waschen und putzen*
2	*Eier hart kochen*
1	*säuerlicher Apfel in kleine Stifte schneiden*
5 EL	*Gemüsebrühe*
2 EL	*Olivenöl*
1/2 TL	*Basilikum, Pfeffer frisch gemahlen, Meersalz*
2 EL	*Rotweinessig*

Dressing:

E	Gemüsebrühe in eine Schüssel geben
E	Olivenöl unterrühren
M	Basilikum und Pfeffer einrühren
W	salzen
H	Rotweinessig einrühren

Linsen, Feldsalat und Äpfel mit dem Dressing vermengen mit Eierachteln belegen.

Dazu paßt getoastetes Brot mit Butter und Sesam.

Bunter Feldsalat

Zutaten:

2oo g	*Feldsalat waschen und putzen*
1oo g	*Spinat ohne Stengel und grob geschnitten*
1oo g	*Weizensprossen*
2oo g	*Karotten fein geraffelt*
4	*Frühlingszwiebeln grob geschnitten*
1	*Apfel grob geraffelt mit dem Saft einer halben Zitrone vermischen*
5 EL	*kalt gepreßtes Olivenöl, etwas Honig oder Rohrzucker,*
1/2 TL	*Estragon, 1 EL mittelscharfer Senf, Pfeffer frisch gemahlen, Meersalz,*
3 EL	*Balsamicoessig, 3 EL Joghurt oder Sauerrahm*

Dressing:

E	Olivenöl in eine Schüssel geben
E	Honig oder Rohrzucker und Estragon einrühren
M	Senf und Pfeffer einrühren
W	salzen
H	Balsamicoessig und Sauerrahm unterrühren.

Dinkelschmarrn

Zutaten:

175 ml	*Mineralwasser,*
15o g	*feines Dinkelmehl*
3	*Eier*
6 EL	*Mandelblättchen in einer Pfanne ohne Fett goldgelb rösten*
4 EL	*Rosinen in Wasser einweichen*
	Prise Kakao, Meersalz, Butterschmalz und Zimt

W Mineralwasser in eine Schüssel geben
W Meersalz dazu
H Dinkelmehl mit einem Schneebesen einrühren
F kleine Prise Kakao unterrühren
und 3o Min. quellen lassen
E die Eier unterschlagen

Butterschmalz in einer Pfanne erhitzen und 1/3 des Teiges leicht anbacken, wenden, nochmals leicht backen. 1/3 der Mandelblättchen und der Rosinen dazugeben und den Teig mit 2 Gabeln zerreißen, und noch einmal durchbacken.
Mit den restlichen Zutaten ebenso verfahren.
Zum Schluß mit Zimt bestreuen.

Beliebiges Kompott oder Apfelmus dazu reichen.

Wenn Sie beim Kompott keinen Zucker verwenden wollen, so kochen Sie Trockenfrüchte mit, es schmeckt süßlich und wird auch etwas sämig.

Soufflé mit Sauerrahm

Zutaten:

100 g	*feines Weizenmehl*
400 g	*Sauerrahm*
	Schale von 1 Zitrone
2	*Eier trennen*
2 EL	*Honig, 2 EL Kokosraspeln, Prise Kakao*
4 EL	*entsteinte Weichseln*

H Weizenmehl in eine Schüssel geben
H Zitronenschale unterheben
H Sauerrahm unterrühren in einen Topf geben und erhitzen bis die Masse zu dicken beginnt
F Prise Kakao unterrühren
E Dotter unterrühren, nochmal erhitzen und vom Feuer nehmen
E Honig und Kokosraspeln unterheben
E ganz vorsichtig den Eischnee unterheben

Backofen auf 180 Grad vorheizen.

Sauerkirschen in eine gefettete Auflaufform geben, die Soufflémasse über die Kirschen gießen und 30 Min. backen. Sofort servieren.

Apfelknödel

Zutaten:

4	*säuerliche Äpfel klein würfeln*
16o g	*Dinkelvollmehl*
5o ml	*Weißwein*
2 EL	*Brösel, 1 TL Zimt, Meersalz, Prise Kakao,*
3o g	*Rosinen*
3o g	*Mandeln gerieben*
1	*Ei*
1	*Zitrone, Schale abreiben*

H Äpfel in eine Schüssel geben
H Saft und Schale der Zitrone unterrühren
F Prise Kakao unterheben
E Zimt, Ei, Rosinen, Brösel und Mandeln unterheben
M Weißwein unterrühren
W Meersalz und 2–3 EL Wasser unterrühren
H Dinkelmehl unterarbeiten

mit nassen Händen kleine Knödel formen und ca. 15–2o Min.
in Salzwasser garziehen lassen.

Abgetropft mit flüssiger Butter, Zucker und Zimt servieren.

Dazu paßt Kompott oder Mus.

Flammerie von Dinkelgrieß

Zutaten:

1/2 l	*Milch oder Sojamilch*
50 g	*Dinkelgrieß*
40 g	*Rohrzucker*
1	*Ei*
	Meersalz, Ingwer und Kakao,
	Schale von 1/2 Zitrone

E Milch in einen Topf geben
M Prise Ingwer unterrühren
W Meersalz unterrühren
H Zitronenschale unterrühren und das Ganze zum Kochen bringen
H Dinkelgrieß einkochen und
so lange köcheln bis die Masse ganz dick ist
F Prise Kakao unterrühren
E Zucker unterrühren und vom Herd nehmen
E Eigelb mit etwas Grießbrei vermischen und wieder in die Masse rühren, wieder auf den Herd stellen und bis kurz vor dem Siedepunkt erhitzen und wieder vom Herd nehmen.
E Eiweiß steif schlagen und vorsichtig unter das Flammerie mischen und 5 Min. ruhen lassen.

Kleine Schalen oder Formen mit neutralem Öl auspinseln und mit der Grießmasse füllen und erkalten lassen.

Auf Teller stürzen und mit Erdbeer- oder Himbeermark servieren.

Himbeermus:

Tiefgekühlte Himbeeren mit Vollrohrzucker oder Honig vermischen und mit etwas Obers verzieren.

Topfenplätzchen mit Apfelkompott

Zutaten:

200 g	*gekochte mehlige Kartoffel*
100 g	*Topfen*
4 EL	*Dinkelgrieß*
1	*Ei*
2 EL	*Rohrzucker oder Honig*
1 EL	*geriebene Zitronenschale,*
	Meersalz und Nelkenpulver
3	*große säuerliche Äpfel*
1 Stange	*Zimt, 2 Nelken, Honig nach Geschmack*

E Kartoffel reiben und in eine Schüssel geben
E Ei und Honig unterrühren
M Prise Nelken unterrühren
W salzen
H Topfen, Zitronenschale und Dinkelgrieß unterrühren
zu einem Teig verkneten und 1/2 Std. ausquellen lassen.
Dann kleine Plätzchen formen und in Öl ausbacken.
H Äpfel würfeln und in einen Topf geben
F etwas kochendes Wasser dazugeben
E Honig und Zimtstange dazugeben
M und 1 Nelke

Kompott weich kochen und zu den Plätzchen servieren.

Grünkernpaste (Brotaufstrich)

Zutaten:

3	*Tassen ganz feines Grünkernmehl*
1 TL	*Thymian,*
1	*Tasse kaltgepreßtes Olivenöl*
2	*Lorbeerblätter, Pfeffer frisch gemahlen, Meersalz, 1/2 TL Oregano*
2	*Knoblauchzehen fein gerieben, 2 TL Majoran*

F	3 1/2 Tassen Wasser in einem Topf zum Kochen bringen
F	Thymian hineingeben
E	1 EL Olivenöl
M	Lorbeerblatt und Pfeffer einrühren
W	salzen
H	Grünkernmehl einkochen ca. 5 Min. köcheln lassen und dann auf der ausgeschalteten Herdplatte ausquellen lassen.
F	Oregano unterrühren
E	Olivenöl unterrühren
M	Knoblauch und Majoran dazugeben

den Brei in einen Mixer geben und pürieren, ist die Paste zu dick, etwas Wasser dazugeben.

Gofiowurst

als Zwischenmahlzeit oder als Stärkung zum Wandern

Zutaten:

1oo g	*Dinkel in einer Pfanne ohne Fett goldgelb rösten – auskühlen lassen und feinmahlen*
	Prise Kakao
2 EL	*Honig, Zimt, Prise Nelken, Meersalz*
4 EL	*Mandelblättchen*
2 EL	*Pinienkerne*

W **1oo g Wasser in eine Schüssel geben**
H **Dinkelmehl einrühren**
(gerösteter Dinkel = Gofio)
F **Prise Kakao unterrühren**
E **Honig, Prise Zimt, Mandeln und Pinienkerne einkneten**
M **Prise Nelken**
W **salzen und nochmals durchkneten**

Teig zu einer Rolle formen und mit Rosinen und Pinienkernen verzieren und in Alufolie wickeln.

Gofiofrühstück

W 1/2 l Wasser in einen Topf geben und salzen
H 7o g Gofio einrühren (= gerösteter Dinkel – gemahlen)
F Prise Kakao einrühren und köcheln lassen, bis es dicklich wird, Herdplatte ausschalten und ausquellen lassen
E mit Honig nach Geschmack süßen.

Dazu schmeckt Apfel- oder Birnenkompott.

Rezeptteil

Sommer

*

Der Sommer ist der Höhepunkt des Wachstums
und der Blüten.
Durch erfrischende Nahrung wird die Hitze
des Sommers ausgeglichen.

*

17. 5. – 28. 7.

Zucchinisuppe mit Reis

Zutaten:

1	*mittelgroße Zwiebel fein hacken*
2 EL	*Olivenöl*
75o g	*Zucchini in Scheiben schneiden*
1 l	*Gemüsebrühe*
1 El	*Hefeflocken*
1/2 TL	*getrockneter Oregano, Meersalz, Pfeffer frisch gemahlen*
1 Bd.	*Petersilie fein gehackt*
15o g	*gekochter Langkornreis*
	Parmesan frisch gerieben

F	heißer Topf
E	Olivenöl erhitzen
M/E	Zwiebel andünsten
E	Zucchini dazugeben und ca. 5 Min. dünsten
E	Gemüsebrühe angießen und aufkochen
M	Pfeffer und Petersilie dazugeben
M	Reis einstreuen
W	salzen
H	Hefeflocken unterrühren
F	Oregano dazugeben und nochmals aufkochen lassen.

Parmesan getrennt dazu reichen.

Russische Gemüsesuppe

Zutaten:

2oo g	*rote Rüben raffeln*
1oo g	*Sellerie raffeln*
2	*Zwiebeln in Streifen schneiden*
1oo g	*Buchweizen heiß waschen und abtropfen*
12o g	*Mungbohnensprossen*
0,2 l	*roten Rübensaft*
1	*Gurke raffeln*
2 EL	*Butterschmalz*
1 TL	*Kümmel gemahlen*
0,8 l	*Gemüsebrühe*
1 TL	*Honig, 1–2 EL Balsamicoessig, Meersalz*
1/2 Bd.	*Petersilie fein gehackt*

F heißer Topf
F Buchweizen anrösten
E Butterschmalz dazugeben
F rote Rüben unterrühren und andünsten
E Sellerie andünsten
M Zwiebelstreifen andünsten und kurz zugedeckt schmoren
E Gemüsebrühe angießen
E Honig unterrühren
M Kümmel unterrühren
W salzen und mit
H Balsamicoessig würzen und 1o–15 Minuten garen
H Mungbohnensprossen unterheben
F roten Rübensaft zugießen
E Gurke unterrühren und nochmals durchkochen
M mit Petersilie bestreuen und servieren

Erbsensuppe mit Artischocken

Zutaten:

4	*Artischocken zu je 225 g von den harten Blättern, den Stielen und vom Heu befreien, in schmale Streifen schneiden und sofort in kaltes Wasser mit Zitronensaft legen*
300 g	*grüne Erbsen*
2	*Knoblauchzehen fein gerieben*
4 EL	*Olivenöl*
1l	*Knochen- oder Gemüsebrühe*
1 Bd.	*Petersilie fein gehackt*
	Meersalz, Pfeffer frisch gerieben, Parmesan frisch gerieben

F heißer Topf
E Olivenöl erhitzen
F Artischocken andünsten
E mit Suppe aufgießen
M Knoblauch dazugeben und 10 Min. bei offenem Topf kochen
E Erbsen dazugeben und nochmals 5 Min. kochen
M pfeffern und Petersilie dazugeben
W salzen

Mit frisch geriebenem Parmesan servieren!

Mozzarella mit Tomaten

als Vorspeise oder kleines Abendessen

Zutaten:

2	*Mozzarella von je 2oo g in Scheiben schneiden*
6	*Fleischtomaten in Scheiben schneiden*
1 Bd.	*Basilikum in feine Streifen schneiden*
6 EL	*kalt gepreßtes Olivenöl*
	Meersalz, Balsamicoessig

Mozzarella abwechselnd mit den Tomatenscheiben auf einem Teller dachziegelartig im Kreis anordnen.
Mit Meersalz und Pfeffer würzen, mit Olivenöl und Balsamicoessig beträufeln und dann Basilikum darauf verteilen.

Dazu schmeckt Stangenweißbrot oder Fladenbrot.

Junge rote Rüben auf Schnittlauchrahm

(Als Vorspeise reicht es für 6 Personen,
als Imbiß für 4 Personen)

Zutaten:

5oo g	*kleine rote Rüben in Salzwasser 3o Min. kochen, abschrecken und schälen*
15o g	*eingedicktes Schafjoghurt (in einem Spitzsieb mit Kaffeefilter abtropfen lassen)*
1 Bd.	*Schnittlauch in kleine Röllchen schneiden*
1 EL	*Zitronensaft, Pfeffer frisch gemahlen*
5o g	*Ruccola in mundgerechte Stücke zupfen*
1/2 Kopf	*Lollo Rosso in mundgerechte Stücke zupfen*
4 EL	*Balsamico- od. Weißweinessig, Ahornsirup oder Honig nach Geschmack*
5 EL	*kaltgepreßtes Olivenöl*
1 kleine	*Zwiebel in feine Ringe schneiden*
1 TL	*Koriander im Mörser zerstoßen*

Schnittlauchsauce:

M Schnittlauch und Pfeffer in einer Schüssel mischen
W salzen
H Zitronensaft und Joghurt unterrühren

Salatsauce:

E Öl in eine Schüssel geben und mit Honig verrühren
M Pfeffer, Zwiebel und Koriander dazugeben
W salzen
H Balsamico unterrühren

Die roten Rüben in Scheiben schneiden und in der Salatsauce 1 Stunde ziehen lassen.

Auf einem Teller Ruccola und Lollo Rosso anrichten, rote Rüben aus der Soße nehmen, darauf verteilen und mit der übriggebliebenen Salatsauce beträufeln. Mit einem Klecks Schnittlauchsauce versehen, den Rest extra dazu servieren.

Mit Fladenbrot oder Roggenknäcke eine wunderbare Vorspeise oder ein kleines vegetarisches Hauptgericht.

Palpettone di Tonno

als Vorspeise oder kleines Abendessen

Zutaten:

35o g	*Thunfisch in Öl (abgetropft)*
2	*Eier*
1 EL	*Hefeflocken*
5o g	*Parmesan fein gerieben*
2 EL	*Roggenmehl*
1 Bd.	*Petersilie fein hacken*
	Saft von 1 Zitrone
	Meersalz, Olivenöl, Fleischtomaten
1/2	*Kopf Radiccio*

W Thunfisch fein zerteilen und in einer Schüssel mit
H Hefeflocken vermischen
F Roggenmehl unterrühren
E Eier unterrühren
M Petersilie und Parmesan unterrühren

alles gut vermischen bis eine homogene Masse entsteht.
Eine Rolle formen, fest in ein Tuch wickeln (an den Enden und in der Mitte abbinden) und in einer Kasserolle mit kochendem Wasser bedeckt 2o Min. garen. Rolle herausnehmen, abkühlen lassen und in den Kühlschrank legen.

Inzwischen folgende Soße herstellen:

E Olivenöl in eine Schüssel geben
M Petersilie einrühren
W salzen
H Zitronensaft unterrühren

Thunfischrolle in Scheiben schneiden. Radiccio auf einem großen Teller verteilen, Thunfischscheiben darauf dekorativ verteilen, mit Oliven und Tomatenachteln umlegen, mit Salatsauce beträufeln.

Es scheint komplizierter als es ist, Ihre Familie oder Ihre Freunde werden begeistert sein.

Gemischtes Lachstatar mit Brunnenkresse und Gurken

(als Vorspeise reicht es für 6 Personen, als Imbiß für 4 Personen)

Zutaten:

1/8 l	*Weißwein*
2oo g	*frisches Lachsfilet (auch Lachsforelle) ohne Haut und Gräten (ich zupfe die Gräten immer mit einer Pinzette heraus, funktioniert wunderbar!)*
2oo g	*Räucherlachs in dünne Scheiben geschnitten, in einer Pfanne mit wenig Öl kurz anbraten, bis er hell wird*
2 EL	*Cognac, Meersalz, weißer Pfeffer*
15o g	*eingedicktes Schafjoghurt*
1	*kleiner Bd. Brunnenkresse von den Stielen zupfen*
45o g	*Gurken gehachelt*
1	*Limette und 3 EL Olivenöl*

M Weißwein in einer kleinen Pfanne zum Kochen bringen
W das Lachsfilet bei milder Hitze von jeder Seite 3–4 Min. pochieren und im Wein erkalten lassen
M Cognac dazugeben und pfeffern
W Räucherlachs dazugeben, salzen und alles mit einer Gabel zerpflücken.
H Joghurt unterrühren und 3–4 Std. im Kühlschrank durchziehen lassen.

Inzwischen die Salatsauce zubereiten:

E Öl in eine Schüssel geben
M Pfeffer einrühren
W salzen
H Limettensaft einrühren

Auf einem großen Teller Lachsmischung, Kresse und Gurken dekorativ anrichten. Die Soße auf die Gurken und die Kresse träufeln.

Dazu schmeckt Fladen- oder Roggenbrot.

Roter Rübensalat

Zutaten:

200 g	*Schafjoghurt*
4 EL	*Orangensaft*
	Prise Rosmarin gemahlen
1 EL	*Kren frisch gerieben*
2 EL	*Olivenöl*
	Meersalz, Pfeffer frisch gemahlen
400 g	*rote Rüben grob raffeln*
2	*Orangen filetieren*
4	*Scheiben frische Ananas in Würfel schneiden*
	einige Salatblätter
2 EL	*Walnüsse geröstet in einer Pfanne ohne Fett*

Die roten Rüben und die Ananaswürfel in einer Schüssel vermischen und mit folgender Soße würzen:

H	Joghurt mit
H	Orangensaft vermischen
F	Prise Rosmarin unterrühren
E	Öl einrühren
M	Kren und Pfeffer unterrühren
W	salzen

Rote Rüben auf Salatblättern anrichten und mit den Orangenfilets verzieren, mit den gerösteten Walnüssen bestreuen.

Kartoffelsalat mit dicken Bohnen

Zutaten:

75o g	*kleine Kartoffel kochen und vierteln*
2oo ml	*Gemüsebrühe*
5o ml	*Weißweinessig*
2 EL	*Senf, Meersalz und Pfeffer, Prise Oregano*
4	*Eier 1o Min. kochen (1 Ei davon klein hacken)*
3oo g	*dicke Bohnen kochen und häuten*
2 Bd.	*Frühlingszwiebel in Ringe schneiden*
1oo g	*Zuckerschoten in Salzwasser blanchieren und in dünne Streifen schneiden*
1oo g	*rote Zwiebeln in dünne Ringe schneiden*
1 Bd.	*Basilikum fein hacken*

F	heißer Topf
E	Gemüsebrühe erhitzen
M	Pfeffer und Senf einrühren
W	salzen
H	Essig dazugeben
F	Prise Oregano einstreuen, aufkochen und über die
E	Kartoffel gießen und 3o Min. ziehen lassen.
E	das gehackte Ei, die Bohnen und Zuckerschoten unterheben
M	Zwiebel und Frühlingszwiebel unterheben und weitere 15 Min. zugedeckt ziehen lassen
M	Pfeffer und Basilikum unterheben
W	salzen

Den Salat mit den Eivierteln garnieren.

Maissalat

Zutaten:

3oo g	*Zuckermais gekocht*
3oo g	*Tomaten in Stücke schneiden*
1	*Salatgurke würfeln*
1	*rote Paprikaschote in kleine Stücke schneiden*
1oo g	*schwarze Oliven*
2	*Zwiebeln in Ringe schneiden*
1	*Kopfsalat waschen und die Blätter trennen*
3 EL	*Balsamicoessig, Meersalz*
2 cl	*Sake oder Sherry, Pfeffer frisch gemahlen*
5 EL	*Olivenöl*
1/2 Bd.	*Petersilie fein gehackt*
1/2 Bd.	*Estragon fein gehackt*
1/2 Bd.	*Dill fein gehackt*
1/2 Bd.	*Basilikum fein gehackt*

In einer großen Schüssel ein paar Salatblätter rundherum legen, die restlichen Blätter in mundgerechte Stücke zupfen.

E Mais in eine Schüssel geben, Gurke, Paprika, Estragon, Oliven und Öl vermengen
M Zwiebel, Petersilie, Dill, Basilikum und Pfeffer, sowie den Sake unterheben
W salzen
H Tomaten und Essig unterrühren
F Kopfsalatstücke vorsichtig unterziehen

Die Salatmischung in die vorbereitete Schüssel füllen.

Kartoffelsalat mit Kresse

Zutaten:

1 kg	*kleine Kartoffel mit 3 Lorbeerblättern in Salzwasser bißfest kochen, schälen, auskühlen lassen und in Scheiben schneiden*
5oo g	*Porree in dünne Ringe schneiden, blanchieren über Dunst*
1oo g	*Schalotten in Ringe schneiden*
1 Bd.	*Brunnenkresse Blätter abzupfen*
5 EL	*Gemüsebrühe*
8o g	*Kürbiskerne rösten*
12o ml	*Öl*
4 EL	*Weißweinessig*
	Pfeffer frisch gemahlen, Prise Zucker, Meersalz
7o g	*Kren frisch gerieben*
4 EL	*Kürbiskernöl*

E	Kartoffel in eine Schüssel geben
M	Porree und Schalotten untermischen
E	Kürbiskerne untermischen und mit folgender Soße würzen:
E	Gemüsebrühe
E	mit Öl und Zucker mischen
M	Pfeffer, Kresse und Kren unterrühren
W	salzen
H	Weißweinessig unterrühren

Zuletzt den fertigen Salat mit Kürbiskernöl beträufeln.

Spargelsalat mit Ziegenkäse

Zutaten:

5oo g	*weißer Spargel, großzügig schälen*
15o g	*Tomaten vierteln*
	Prise Rosmarin
2oo g	*Ruccola in mundgerechte Stücke zupfen*
4	*kleine Ziegenkäse zu je ca. 3o g, waagrecht zweimal und senkrecht 1 mal durchschneiden*
2o mg	*Haselnußkerne halbieren*
3 EL	*Sesamöl, Meersalz, Pfeffer, Honig*
2 EL	*Kürbiskernöl, 2 EL Balsamicoessig*
3 EL	*Olivenöl, 2 EL Rotweinessig*

F	heiße Pfanne
E	Sesamöl hineingeben und erhitzen
E	Spargel (der Länge nach halbieren und schräg in Stücke schneiden) 5 Minuten braten
M	pfeffern
W	salzen
H	Balsamicoessig dazugeben
F	Prise Rosmarien dazugeben
E	etwas Honig unterrühren und einmal aufkochen und vom Herd nehmen
E	Olivenöl und Kürbiskernöl in eine Schüssel geben
M	Pfeffer einrühren
W	salzen
H	Rotweinessig einrühren
H	Tomaten unterheben
F	Ruccola unterheben alles gut vermischen und auf Portionstellern verteilen

Den Spargel aus der Pfanne heben und auf den Tellern verteilen, obenauf den Ziegenkäse. Die Reste der warmen und der kalten Soße vermischen und über den Käse träufeln.
Mit den gerösteten Haselnußkernen bestreuen.

Avocadosalat mit Putenbrust

Zutaten:

500 g	*Putenbrustfilet*
	Pfeffer frisch gemahlen,
2 EL	*Sesamöl, Meersalz*
4–5	*zarte Stangen Staudensellerie in dünne Streifen schneiden*
1 Bd.	*Frühlingszwiebel, weiße und hellgrüne Teile in feine Ringe schneiden*
1	*große Fleischtomate (ca. 300 g) in 1x1 cm große Stücke schneiden*
2 Bd.	*Petersilie fein hacken, Prise Thymian*
3 EL	*Sesampaste, 1 EL Sojasauce, 1 TL Tabasco*
5 EL	*Weißweinessig, Meersalz, 4 EL Gemüsebrühe*
4	*nicht allzu reife Avocados, Fleisch herausschälen und in kleine Würfel schneiden*
1/2 Kopf	*Radiccio*

Putenfleisch pfeffern und salzen und in Öl braten, in Alufolie wickeln, auskühlen lassen und in kleine Würfel schneiden, 1x1 cm.

Soße:

E	Sesampaste in eine Schüssel geben
E	mit Gemüsebrühe verrühren
M	Petersilie und Tabasco verrühren
W	Sojasauce und etwas Salz unterrühren
H	Weißweinessig einrühren
F	Thymian einrühren
E	Avocado und Staudensellerie unterheben
M	Frühlingszwiebel und Putenfleisch unterheben
W	etwas salzen
H	Tomatenwürfel unterheben

Auf einer großen Platte Radicchioblätter auflegen und den Salat darauf anrichten

Spaghettisalat

ein köstliches Hauptgericht an heißen Tagen

Zutaten:

3oo g	*Spaghetti kochen, abschrecken und erkalten lassen*
1 kleine	*Dose Mais oder gekochten frischen Mais (ca. 200 g)*
3 kleine	*Zwiebeln fein hacken*
1 rote	*Paprikaschote klein würfeln*
2	*Fleischtomaten entkernen und klein würfeln*
1 kleinen	*Staudensellerie in kleine Ringe schneiden*
1	*Avocado schälen und in Schnitze schneiden und sofort mit Zitronensaft beträufeln*
1oo g	*Champignon blättrig schneiden und kurz überdünsten und auskühlen lassen*
5 EL	*Balsamicoessig, 1 Knoblauchzehe fein reiben*
1 EL	*Senf, 2 TL Sardellenpaste*
6 EL	*Olivenöl, Meersalz, Pfeffer frisch gemahlen*
je 1/2 Bd.	*Schnittlauch und Petersilie fein schneiden Prise Thymian*

Spaghetti mit dem Gemüse vermischen und
mit folgender Soße würzen:

E Olivenöl in eine Schüssel geben
M Senf, Knoblauch, Pfeffer, Petersilie und Schnittlauch dazugeben und verrühren
W Meersalz und Sardellenpaste einrühren
H Balsamicoessig unterrühren
F Thymian unterrühren

alles gut durchmischen und mindestens 1 Stunde
durchziehen lassen.

Verschiedene Saucen zu Spaghetti

Zutaten für Artischockensauce:

4	*kleine Artischocken, die äußeren, harten Blätter entfernen, die Spitzen mit der Schere abschneiden (ca. 1/3) und vierteln*
5 EL	*Olivenöl, Meersalz*
1 Bd.	*Petersilie fein hacken*
3	*Knoblauchzehen fein reiben*
3	*Peperoni klein hacken*
500 g	*Fleischtomaten zerkleinern*

F heißer Topf
E 4 EL Olivenöl erhitzen
F Artischocken rundherum anbraten
E 1 EL Olivenöl dazugeben
M Petersilie, Peperoni und Knoblauch dazugeben
W salzen
H Tomaten zugeben und 30 Min. bei milder Hitze schmoren

Zutaten für Pesto aus Basilikum:

5 Bd.	*frisches Basilikum grob hacken*
20 g	*Pinienkerne in einer Pfanne ohne Fett rösten*
3	*Knoblauchzehen fein gerieben*
100 ml	*Olivenöl*
45 g	*Parmesan frisch gerieben*

E Pinienkerne in einem Mörser zerquetschen und in eine Schüssel geben
M Basilikum dazugeben
E nach und nach Olivenöl unterrühren
M Knoblauch unterrühren
M Parmesan einrühren

Zutaten für Pesto aus Ruccola:

1oo g	*Ruccola grob gehackt*
2 EL	*Zitronensaft*
	Pfeffer frisch gemahlen
1oo ml	*Olivenöl kalt gepreßt*
3o g	*Pinienkerne in einer Pfanne ohne Fett goldgelb rösten*
5o g	*Parmesan frisch gerieben*
	Meersalz

F	Ruccola in eine Schüssel geben
E	Olivenöl dazugeben und die Pinienkerne
M	Pfeffer und Parmesan unterrühren
W	salzen
H	Zitronensaft untermischen

Nudeln mit italienischem Gemüse

Zutaten:

250 g	*Nudeln oder Spaghetti kochen und abtropfen lassen*
200 g	*Zwiebeln fein hacken*
2	*Lorbeerblätter*
200 g	*Karotten raffeln*
6 EL	*Olivenöl*
100 g	*Staudensellerie fein würfeln*
300 g	*Kohlrabi fein würfeln*
150 g	*Knollensellerie fein würfeln*
200 g	*Porree in feine Streifen schneiden*
40 g	*Tomatenmark*
800 g	*Fleischtomaten entkernen und würfeln*
2	*Knoblauchzehen fein reiben*
1 TL	*Oregano, Meersalz,*
	Prise Zucker und Pfeffer frisch gemahlen
	Parmesan frisch gerieben.

F	heißer Topf
E	Olivenöl erhitzen
M/E	Zwiebel andünsten
M	Lorbeerblatt dazu und andünsten
E	Karotten und Sellerie andünsten und zuckern
M	Porree, Kohlrabi und Knoblauch dazugeben und alles ca. 3 Min. dünsten
M	pfeffern
W	salzen
H	Tomaten und Tomatenmark dazugeben und ca. 10 Min. dünsten
F	Oregano dazugeben und nochmals erhitzen

Das Sugo auf den Nudeln verteilen und mit Parmesan bestreuen.

Nocken aus Ziegenkäse auf Gemüseragout

Zutaten:

200 g	*Zwiebel in feine Ringe schneiden*
2	*Knoblauchzehen fein reiben*
300 ml	*Weißwein*
0,8 l	*Gemüsebrühe, Meersalz, Pfeffer*
250 g	*Karotten in Scheiben geschnitten*
400 g	*kleine Kartoffel schälen und vierteln*
200 g	*dicke Bohnen schälen*
300 g	*grüner Spargel, die holzigen Enden abschneiden, in Stücke von ca. 4 cm Länge schneiden*
100 g	*Frühlingszwiebel in Stücke schneiden*
4 kleine	*Artischocken, Blätter um den Boden herum abschneiden, Heu mit dem Teelöffel entfernen und vierteln*
1 Bd.	*Petersilie fein hacken, 3 Zweige Basilikum in feine Streifen schneiden*
300 g	*Ziegenfrischkäse, 3 Eigelb, 60 g Maizena Pfeffer, Meersalz, 25 g Mandelblättchen rösten*

F heißer Topf
E 3 EL Olivenöl erhitzen
F Artischocken andünsten
M Zwiebel andünsten
M Knoblauch andünsten
E Gemüsebrühe angießen, Karotten und Kartoffel dazugeben
M Weißwein angießen und bei offenem Topf 15 Min. kochen
E Spargel dazugeben und nochmals 5 Min. kochen
M Frühlingszwiebel dazugeben
E Maizena mit kaltem Wasser anrühren und einkochen
E Bohnen dazugeben und fertiggaren bei geschlossenem Topf.
M Petersilie, Basilikum und Pfeffer unterrühren
W salzen und mit dem restlichen Olivenöl beträufeln

F Ziegenkäse in eine Schüssel geben
E Eigelb und Maizena unterrühren
M pfeffern
W salzen

und Nocken formen, diese in Salzwasser vorsichtig ziehen lassen und dann in gerösteten Mandelblättchen wälzen.

Mit dem Gemüse und frisch geriebenem Parmesan servieren.

Polenta mit Tomatensalat

Zutaten:

25o g	*Polenta*
1/2 l	*Gemüse- oder Knochenbrühe*
5oo g	*kleine Tomaten entkernen und sechsteln*
1 Bd.	*Ruccola in feine Streifen schneiden*
1 Bd.	*Basilikum hacken*
1/2 Bd.	*Petersilie fein hacken*
1	*Knoblauchzehe fein reiben*
3o g	*Parmesan frisch gerieben*
6 EL	*Olivenöl, Pfeffer, Prise Zucker,*
1 EL	*Balsamicoessig*
7o g	*Pinienkerne ohne Fett goldgelb rösten*

Pesto: mit dem Pürierstab

E 3 EL Olivenöl in einen Pürierbecher geben
E 3o g Pinienkerne pürieren
M Knoblauch, Petersilie und Basilikum dazugeben und ebenfalls pürieren
M Parmesan unterrühren

F heißer Topf
E Gemüsebrühe zum Kochen bringen
E Polenta einrieseln lassen und 5 Min. unter Rühren kochen und zugedeckt nochmals 15 Min. quellen lassen

Pesto locker unter die Polenta heben und mit den restlichen Pinienkernen bestreuen, ev. etwas salzen.

Dazu servieren Sie einen Tomatensalat:

H Tomaten in eine Schüssel geben und den
H Balsamicoessig untermischen
F Ruccola unterheben
E 3 EL Olivenöl untermischen und zuckern
M pfeffern
W salzen

Für Nichtvegetarier würde ich ganz zart gebratene Kalbsleber dazu empfehlen.

Ratatouille mit Polenta

Zutaten:

1	*Melanzani in größere längliche Stücke schneiden*
1–2	*Zucchini in größere längliche Stücke schneiden*
2	*Zwiebeln in Streifen schneiden*
1 grüne	*Paprikaschote in grobe Streifen schneiden*
4	*Fleischtomaten in Achtel teilen*
1 EL	*Tomatenmark, Olivenöl, 1 Glas Weißwein*
2	*Knoblauchzehen fein gerieben*
1/2 Tasse	*Gemüsebrühe, Pfeffer frisch gemahlen, Meersalz*
	Thymian, Oregano, Basilikum und Bohnenkraut

Polenta nach Rezept S. 82 zubereitet

F	heißer Topf
E	Olivenöl erhitzen
M/E	Zwiebel andünsten
E	Paprika anrösten, Melanzani und Zucchini scharf anbraten
M	mit Weißwein ablöschen
M	Pfeffer, Knoblauch, Basilikum und Bohnenkraut dazugeben
W	salzen
H	Tomaten und Tomatenmark einrühren
F	Thymian und Oregano
E	Gemüsebrühe angießen und köcheln, bis das Gemüse weich ist.

Fertig gekochte Polenta auf ein Blech streichen, mit ein wenig Olivenöl bestreichen und unter den vorgeheizten Grill schieben, bis sie Farbe annimmt. Dann in breite Streifen schneiden und zum Gemüse servieren.

Ratatouille schmeckt warm, aber auch kalt hervorragend als Vorspeise.

Spargelgemüse

Zutaten:

750 g	*weißer Spargel schälen und in Stücke schneiden*
250 g	*Karotten in Scheiben schneiden*
250 g	*Spitzkohl in Streifen schneiden*
2	*Zwiebeln würfeln, kleine Prise Paprika*
100 g	*Reformmargarine oder Butterschmalz*
400 ml	*Gemüse- oder Knochenbrühe auf 150 ml einkochen*
3	*Stengel Estragon oder 1 TL getrocknet,*
	Meersalz, 1 TL Zucker oder 1 EL Honig
2 EL	*Balsamicoessig, 2 Eigelb*
1 Bd.	*Petersilie fein hacken*

F heißer Topf
E 50 g Butterschmalz erhitzen
M/E die Hälfte der Zwiebel glasig dünsten
E die Blätter von 1 Stengel Estragon dazugeben
E Karotten unterrühren und 2 Min. andünsten
E Spargel und Honig dazugeben
M die Hälfte der Petersilie dazugeben
W salzen und 5 Min. zugedeckt dünsten
H 1 EL Balsamicoessig unterrühren
F Spitzkohl dazugeben und weitere 5 Minuten dünsten.

Inzwischen

F heißer Topf
E 10 g Butterschmalz erhitzen
M/E die restliche Zwiebel andünsten
E die Blätter von 1 Zweig Estragon dazugeben
E Gemüsebrühe angießen
M die restliche Petersilie unterrühren
W salzen
H 1 EL Balsamicoessig unterrühren und aufkochen
F Prise Paprika unterrühren
E restliches Butterschmalz unterrühren, den Topf vom Herd nehmen und
E das Eigelb mit etwas Soße verquirlt einrühren.

Die Soße wieder erhitzen und über das Gemüse gießen und mit dem restlichen Estragon bestreuen.

Dazu servieren Sie duftenden Basmatireis und Kalbfleischknöderl oder zarten Fisch.

Gemüse-Tofu-Spieße

Zutaten:

300 g	*Tofu in 2 cm große Stücke schneiden*
1/4 TL	*Chili, 4 EL helle Sojasauce*
100 ml	*Gemüsebrühe*
10 EL	*Sesamöl*
300 g	*Mango schälen und in grobe Stücke schneiden*
3 EL	*Zitronensaft*
3 EL	*Weißweinessig, Zucker, Meersalz*
1	*Kopfsalat*
4 EL	*Öl, weißer Pfeffer*
100 g	*Karotten in 2 cm dicke Scheiben schneiden und 3–4 Min. über Dampf garen*
250 g	*rote Paprikaschoten in 2 cm große Stücke schneiden*
160 g	*Zwiebeln sechsteln*
4 kleine	*Tomaten vierteln*
3	*Eier verquirln*
70 g	*geröstete und gesalzene Erdnüsse fein hacken*

F Tofu in eine Schüssel geben, 2 EL Sesamöl mit Chili und 3 EL Sojasauce verrühren und über den Tofu gießen. Etwa 1 Stunde marinieren lassen und dann abtropfen lassen.

Im Mixer folgende Soße herstellen:

E Mangostücke mit einer Prise Zucker oder Honig pürieren
M Chili dazugeben
W 1 EL Sojasauce und Salz unterrühren
H Zitronensaft unterrühren und pürieren

Salat waschen in mundgerechte Stücke zupfen und mit folgender Marinade anrichten:

E Öl in eine Schüssel geben
M Pfeffer unterrühren
W salzen
H Weißweinessig unterrühren

Tofu – Karotten – Paprika – Zwiebel und Tomaten abwechselnd auf 12 Holzspieße stecken, im verquirlten Ei wenden, dann in den Erdnüssen und im restlichen Sesamöl goldbraun braten.

Den Salat auf einem großen Teller anrichten, die Spieße darauf verteilen und dazu die Mangosoße reichen.

Warme Brotterrine mit Blattsalat

Zutaten:

25o g	*frisches Weißbrot in 3 cm Würfel schneiden*
6 EL	*Olivenöl, 4o g Butter*
1oo g	*getrocknete Tomaten in Öl fein gehackt*
2 EL	*Rosmarinnadeln fein hacken*
2 Bd.	*Petersilie fein hacken*
2	*Knoblauchzehen fein reiben, 5 Eier*
2oo ml	*Milch, 15o g Obers, Meersalz, Pfeffer*
3o g	*Kapern hacken*
15o g	*Ruccola, 1/2 Kopf Lollo Rosso, 1 EL Senf*
1/2	*Kopf Frisee, 4 EL Olivenöl, 1 EL Kürbiskernöl*
3 EL	*Weißweinessig, 1oo ml Gemüsebrühe*
15o g	*Schafkäse (fest), 1 Beet Kresse*

Die Brotwürfel in einer Pfanne ohne Fett goldgelb rösten,
die Pfanne vom Herd nehmen, die Brotwürfel etwas zur Seite schieben und die Butter zergehen lassen,
4 EL Olivenöl dazugeben und darin die Brotwürfel wenden.

Eine Kastenform 25x1o ausfetten.

H Tomatenwürfel in eine Schüssel geben
F Rosmarin unterrühren
E Eier, Obers und Milch unterrühren
M Knoblauch und Petersilie unterrühren und pfeffern
W salzen
H Kapern untermischen
F Prise Rosmarin unterrühren
E Brotwürfel unterheben

alles in die Kastenform füllen und bei 175 Grad ca. 4o Min. backen.
Im abgeschalteten Rohr noch 15 Min. ruhen lassen,
herausnehmen, aus der Form kippen und mit einem elektrischen Messer in Scheiben schneiden.

E Gemüsebrühe in eine Schüssel geben
E Oliven- und Kürbiskernöl unterrühren
M Senf und Pfeffer einrühren
W salzen
H Weinessig unterrühren

Frisee, Ruccola, Lollo Rosso waschen und putzen und in mundgerechte Stücke zupfen, mit 3 EL der Salatsauce vermengen und auf einer Platte anrichten. Die Terrinenstücke darauf verteilen und mit Kresse bestreuen.

Die restliche Marinade mit dem kleinwürfelig geschnittenen Schafkäse vermischen und zur Terrine reichen.

Weiche Eier auf Blattsalaten

Zutaten:

4	*Eier weich kochen – auskühlen lassen*
2	*Eier hart kochen und fein hacken*
1 EL	*Senf, Meersalz, 1 1/2 EL Zitronensaft*
4oo g	*Schafjoghurt in ein mit einem Kaffeefilter ausgelegtes Spitzsieb gießen und ordentlich eindicken*
1	*Zwiebel fein hacken, Prise Paprika*
5o g	*Gewürzgurken fein hacken*
3–4	*Sardellen fein hacken*
1/2 Bd.	*Petersilie fein hacken*
1/2 Bd.	*Dill fein hacken*
1/2 Becher	*Kresse vom Beet schneiden*
1/2 Bd.	*Schnittlauch fein schneiden*
1 1/2 EL	*Kapern hacken, Pfeffer frisch gemahlen*
1oo g	*rote Zwiebeln in feine Ringe schneiden*
1 kleiner	*Lollo Rosso oder bianco in mundgerechte Stücke zupfen*
15o g	*Ruccola in mundgerechte Stücke zupfen*
2	*Tomaten achteln*

H Joghurt und Zitronensaft in einer Schüssel mischen
F Prise Paprika einrühren
E gehackte Eier unterheben
M Zwiebelwürfel, Senf, Petersilie, Pfeffer, Dill, Kresse und Schnittlauch unterrühren
W Sardellen unterheben und salzen
H Kapern und Gewürzgurken unterheben

Auf einer großen Platte Lollo Rosso und Ruccola verteilen, einen Teil der Kräuterremoulade daraufgießen, die weichgekochten Eier darauflegen, mit Zwiebelringen und Kräutern verzieren.

Die restliche Soße seperat dazu servieren.

Dazu paßt ausgezeichnet Roggen-Buchweizenknäcke- oder Fladenbrot.

Azukibohnenauflauf

für einen kühlen Sommertag

Zutaten:

35o g	*Azukibohnen in 1 1/2 l Wasser über Nacht einweichen*
1	*Lorbeerblatt, 2 TL getrockneten Salbei*
2 TL	*getrockneten Thymian, 2 TL Majoran, 2 TL Basilikum*
4 TL	*Meersalz, 1 TL Essig, 1 TL Zucker*
25o g	*Polenta*
4	*Knoblauchzehen fein gerieben*
1	*große Zwiebel fein würfeln*
3	*EL Olivenöl*
5oo g	*Fleischtomaten würfeln*
1oo g	*Pecorino oder Gruyerzer gerieben*

W Azukibohnen mit Einweichwasser in einen Topf geben
H Essig dazugeben
F Thymian und Salbei
E Zucker unterrühren
M Majoran und Lorbeerblatt einrühren und die Bohnen bei schwacher Hitze weichkochen.
W salzen

F 3/4 l Wasser zum Kochen bringen
E Maisgrieß einstreuen
M Basilikum dazugeben
W salzen und unter Rühren 5 Min. köcheln lassen. Bei schwacher Hitze noch 15 Min. quellen lassen, Ofen abschalten und nochmals 15 Min. ausquellen.

F heißer Topf
E Olivenöl erhitzen
M/E Zwiebel andünsten
M Knoblauch andünsten
W salzen
H Tomaten dazugeben und ca. 5 Min. dünsten.

Auflaufform einfetten, Käse unter die Polenta mischen und die Hälfte davon hineingeben, Tomaten und Bohnen mischen und darauf verteilen. Mit der restlichen Polenta zudecken, Butterflocken darauf setzen, zugedeckt 4o Min. und offen noch 1o Min. backen.

Dazu servieren Sie grünen Salat, Frisee oder Lollo Rosso, mit Joghurtdressing als thermischen Ausgleich.

Gefüllte Zucchini

Zutaten:

4	*mittelgroße Zucchini kurz blanchieren, abkühlen lassen. Der Länge nach halbieren und bis auf 1/2 cm dicken Rand aushöhlen, das Zucchinifleisch hacken*
2	*Eier, 1 EL Hefeflocken, Prise Paprika*
1oo g	*gekochten Reis (ca. 40 g roh)*
1oo g	*geriebenen Schafkäse*
1oo g	*Champignon blättrig schneiden und überdünsten*
1oo g	*Karotten grob gerieben*
1 EL	*Olivenöl*
1/2	*Zwiebel fein gehackt*
1	*Knoblauchzehe fein gerieben*
	Petersilie, Dill, Schnittlauch etc.
	Meersalz, 1/2 l Gemüsebrühe

E	Zucchinifleisch in eine Schüssel geben
E	Champignon, Karotten und Eier untermischen, dann
M	Zwiebel, Reis, Petersilie, Dill, Schnittlauch und Knoblauch untermischen
W	salzen
H	Hefeflocken unterheben
F	Paprika und die Hälfte vom geriebenen Käse

Die ausgehöhlten Zucchini mit der Farce füllen, in eine gefettete Form legen, Gemüsebrühe angießen und bei 18o Grad 45 Min. im Rohr dünsten. Kurz vor dem Servieren mit dem restlichen Käse bestreuen und gratinieren.

Servieren Sie dazu junge Kartoffel in Butter geschwenkt und mit Petersilie bestreut.

Gemüse-Pizza

Zutaten für den Teig:

4oo g	*Weizenvoll- und Weizenweißmehl gemischt*
1	*Würfel Germ, 1 TL Zucker, 1/4 l lauwarmes Wasser*
	Meersalz, 2 EL Olivenöl

Germ und Zucker im lauwarmen Wasser auflösen und mit den anderen Zutaten zum Mehl geben und gut kneten, dann zugedeckt ruhen lassen.

Zutaten für den Belag:

1	*große Zwiebel klein schneiden*
1	*Knoblauchzehe fein reiben, 2 EL Tomatenmark*
5	*Fleischtomaten entkernen und in Würfel schneiden*
1 kleine	*Aubergine in Scheiben schneiden, mit einer Gabel einstechen, salzen und wenn sie Wasser gelassen hat, abtrocknen*
1	*Zucchini in Scheiben schneiden*
15o g	*Champignon fein blättrig schneiden*
8	*eingelegte Artischockenherzen*
1oo g	*Mais, 2 EL Olivenöl*
15	*schwarze Oliven entkernt und in Stücke schneiden*
1 Glas	*Sardellenfilet wässern*
3oo g	*Mozzarella in Scheiben schneiden*
	Pfeffer frisch gemahlen, Oregano und Basilikum und Olivenöl zum Beträufeln

F	heißer Topf
E	Olivenöl erhitzen
M/E	Zwiebel glasig dünsten
M	Knoblauch andünsten
W	salzen
H	Tomatenwürfel und Tomatenmark im offenen Topf schmoren

Ein gefettetes Backblech mit dem Hefeteig auslegen, mit obiger Tomatensauce bestreichen, mit dem Gemüse belegen, salzen, pfeffern, Mozzarella darauf verteilen, sowie die Oliven und Sardellenfilets, dann kräftig mit Basilikum und Oregano würzen, mit Olivenöl beträufeln und im vorgeheizten Rohr bei 225 Grad backen, ca. 2o Min.

Maispizza

Zutaten:

2oo g	*Polenta*
1/2 l	*Wasser, 1 TL Salz, 1 EL Olivenöl*
1 Stange	*Lauch in Ringe schneiden*
2oo g	*Gemüse (Fisolen, Karotten, Sellerie etc.) kleinschneiden bzw. raffeln*
1/2 kg	*Tomaten klein würfeln*
15o g	*Zucchinischeiben andünsten*
1	*Knoblauchzehe fein gerieben*
1	*Zwiebel in Ringe schneiden*
	Oregano, Thymian, Basilikum frisch oder getrocknet
6o g	*Käse fein gerieben*

Polenta in gesalzenes Wasser einkochen und 5 Min. unter Rühren köcheln lassen und zugedeckt 1o Min. auf kleinster Flamme dünsten lassen, dann die Herdplatte ausschalten und quellen lassen.
Die Polenta auf einen befetteten Tortenboden streichen und auskühlen lassen und mit nachstehendem Sugo bestreichen:

F heißer Topf
E Öl erhitzen
M Lauch und Knoblauch andünsten
E Fisolen, Karotten und Sellerie andünsten
M Basilikum dazugeben
W salzen
H Tomatenwürfel unterrühren
F Thymian und Oregano dazugeben und 15 Min. dünsten

Die Zucchinischeiben auf das eingefüllte Sugo legen, die Zwiebelringe darauf verteilen, mit Käse bestreuen und bei 2oo Grad ca. 2o Min. backen.

Roggenschrot – Nester mit Sojasprossensalat

Zutaten:

1 kg	*mehlige Kartoffel kochen und durchpressen*
175 g	*Roggenschrot fein*
1oo g	*Butter oder Reformmargarine*
1 EL	*Thymian getrocknet, Meersalz, 5 EL Milch*
375 g	*Karotten fein stifteln*
5oo g	*Zucchini fein stifteln*
	Pfeffer aus der Mühle, Prise Zucker
3oo g	*eingedicktes Schafjoghurt*
5o g	*festen Käse gerieben*
25o g	*Sojasprossen blanchiert*
2	*rote Zwiebeln in feine Ringe schneiden*
2oo g	*Radiccio in Streifen schneiden*
1	*Apfel raffeln und mit 1 EL Zitronensaft vermischen*
1 Bd.	*Schnittlauch fein schneiden*
2 EL	*Weißweinessig, 3 EL Weißwein, Meersalz*
	Pfeffer,
6 EL	*Sonnenblumenöl*

E Kartoffel in eine Schüssel geben
F Roggenschrot und Thymian untermischen
E 4o g Butter und die Milch
M Prise Pfeffer
W salzen und eine Teig kneten

diesen in eine Rolle formen, in 8 Stücke schneiden und Kugeln formen. Die Kugeln auf ein gefettetes Backblech legen und zu Nestern auseinanderdrücken und bei 2oo Grad 25 Min.backen.

E restliche Butter in einer Pfanne erhitzen
E Karotten hineingeben
M mit Kümmel würzen und 5 Min. dünsten
E Zucchini dazugeben und Zucker
M pfeffern und 2 Min. dünsten
W salzen
M Käse unterrühren
W kleine Prise Salz
H Joghurt unterrühren und erhitzen, bis der Käse geschmolzen ist.

Die Masse in die gebackenen Roggennester füllen und nochmals 5 Min. gratinieren.

Sojasprossensalat anmachen und dazu servieren.

Rote Linsen mit Gemüsegarnitur

Zutaten:

200 g	*rote Linsen waschen und abtropfen lassen*
3	*Zwiebel in Scheiben schneiden*
100 g	*Zucchini in Würfel schneiden*
100 g	*rote Paprikaschoten würfeln*
100 g	*Petersilienwurzel oder Pastinaken in Würfel schneiden*
1	*Knoblauchzehe fein reiben*
4 EL	*Butterschmalz, Prise frischen Ingwer*
1 TL	*Kurkuma*
400 ml	*Gemüse- oder Knochenbrühe*
1 EL	*Hefeflocken, 100 g sauren Rahm oder Schafjoghurt etwas Balsamicoessig, Meersalz, Pfeffer, Oregano und Basilikum fein gehackt*

F	heißer Topf
E	2 EL Butterschmalz erhitzen
M/E	Zwiebel andünsten
M	Knoblauch und Ingwer andünsten
W	Linsen unterrühren und ca. 2 Min. braten und etwas salzen
H	Hefeflocken einrühren
F	Kurkuma unterrühren
E	Gemüsebrühe angießen und ca. 20–30 Min. garen.

inzwischen

F	heißer Topf
E	restliches Butterschmalz erhitzen
F	Pastinakenwürfel zugeben und andünsten
E	Zucchini und Paprika dazugeben und garen und anschließend vom Herd nehmen
M	Basilikum und Pfeffer dazugeben
W	salzen und mit
H	Balsamicoessig abschmecken
F	Oregano unterrühren

Linsen auf dem Teller anrichten, die Gemüsegarnitur daraufgeben und obenauf einen Kleks Sauerrahm.

Lammfleisch in Gemüse-Tofusoße

Zutaten:

1 kg	*gerollten Lammschlögel*
2	*Karotten und 1 Zwiebel in Stücke schneiden*
1 Stk.	*Sellerie, Lorbeerblatt, einige Pfefferkörner, Meersalz*
1 Glas	*Tofu-Mayonaise, 1 Glas Schafjoghurt eingedickt*
1	*Zwiebel feingehackt*
1 EL	*Senf, 1 TL Ahornsirup, 1 EL Kapern gehackt, 1 EL Kapern ganz,*
1 Bd.	*Petersilie fein gehackt*
1/2	*rote und 1/2 gelbe Paprikaschote ganz klein würfeln*
1	*Tomate entkernen und fein hacken*
	Zitronensaft, Pfeffer, 1 Zwiebel in Ringe geschnitten
4	*Tomaten in dicke Scheiben schneiden*
1oo g	*Ruccola in mundgerechte Stücke zupfen*

F Topf mit reichlich kochendem Wasser
F Lammschlögel einlegen
E Karotten und Sellerie dazugeben
M Zwiebel, Lorbeerblatt und Pfefferkörner
W kräftig salzen

und das Fleisch weich kochen, im Sud erkalten lassen und für einige Stunden in den Kühlschrank legen. Anschließend mit einem Elektromesser das Fleisch in dünne Scheiben schneiden.

E Tofumayonaise in eine Schüssel geben
E Paprikawürfel und Ahornsirup dazugeben
M Senf, Pfeffer, feingehackte Zwiebel, Petersilie und gehackte Kapern unterrühren
W salzen
H Zitronensaft, Tomatenwürfel und Joghurt unterrühren

Einen großen flachen Teller in der Mitte mit der Hälfte der Soße bestreichen, am Rand Tomaten und Ruccola verteilen.
Auf die Soße die Fleischscheiben schindelartig legen und darauf den Rest der Soße verteilen. Mit Zwiebelringen und ganzen Kapern garnieren.

Servieren Sie dazu Salzkartoffel oder Fladenbrot.

Lammrückenfilet in Kräuterkruste

mit Petersilkartoffeln, Schafjoghurt und grünen Blattsalaten

Zutaten:

600 g	*Lammrückenfilet ausgelöst und von jeglichem Fett befreit*
1/2 Bd.	*frischen Thymian fein hacken*
1/2 Bd.	*Basilikum fein hacken*
1/2 Bd.	*Petersilie fein hacken*
3	*Salbeiblätter fein hacken*
1 TL	*Rosmarinnadeln*
1 EL	*Zitronensaft, 1 EL Olivenöl*
4 Scheiben	*Toastbrot fein zerkrümelt (z.B.: in der Moulinette)*
	Meersalz, 1 Eiweiß, Pfeffer frisch gemahlen
30 g	*Butterschmalz*
600 g	*junge Kartoffel, 300 g Schafjoghurt eingedickt, Kräutersalz und grüne Salate nach Wahl, auch Tomatensalat paßt gut*

H in eine Schüssel Zitronensaft geben
F die halbe Menge Thymian, Rosmarin und Salbei einrühren
E Olivenöl unterrühren
M die Hälfte der Petersilie und Basilikum unterrühren

mit dieser Kräutermischung das Lammfilet umgeben und andrücken, zugedeckt über Nacht durchziehen lassen.

F in eine Schüssel restlichen Thymian, Rosmarin und Salbei geben
E Toastbrotkrümel untermischen
M die restliche Hälfte Petersilie und Basilikum untermischen
W salzen und ebenfalls kühl stellen.

Das Eiweiß auf einem Teller mit einer Gabel verschlagen.

Die Hälfte der Brotkrumenmischung in der Größe des Filets auf einem Backblech verteilen. Das Filet durch das Eiweiß ziehen und darauflegen, leicht pfeffern und salzen. Die restlichen Brotkrumen auf dem Filet verteilen und andrücken, das restliche Eiweiß darüberträufeln und im Backofen

bei 225 Grad ca. 25 Min. backen (vorheizen). Nach ca. 15 Min. mit Pergamentpapier abdecken.
Als thermischen Ausgleich servieren Sie im Sommer Joghurt mit Kräutersalz gewürzt und kalte Salate dazu.

Als Beilage junge Kartoffel kochen in Butter schwenken und mit frisch gehackter Petersilie bestreuen.

Das gleiche Gericht servieren Sie im Spätherbst oder im Winter mit Wirsingstrudel und einer feinen Tomatensauce
(ohne Joghurt und Salaten, die sind im Winter zu kalt).

Gemüserisotto mit Kalbsleber

Zutaten:

3oo g	*Karotten raffeln*
5oo g	*Zucchini raffeln und mit Meersalz vermengen*
1o EL	*Olivenöl*
1oo g	*Schalotten fein würfeln*
3oo g	*Risottoreis*
8oo ml	*Gemüsebrühe*
1/8 l	*trockener Weißwein*
1 TL	*brauner Zucker*
4 Scheiben	*Kalbsleber à 15o g*
	Pfeffer frisch gemahlen, Meersalz, Vollmehl

F	heißer Topf
E	6 EL Öl erhitzen
M/E	Schalotten anschwitzen
M	Reis dazugeben und 2 Min. anrösten (dabei Hitze zurücknehmen)
E	Gemüsebrühe angießen – nach und nach, bis der Reis die Flüssigkeit aufgenommen hat
	ca. 2o Min.
E	die Karotten dazugeben und 4–5 Min. garen
E	die Zucchini unterheben und ca. 3 Min. garen, den Zucker unterheben
M	4 EL Wein unterheben
W	salzen

Restliches Öl erhitzen, die von beiden Seiten bemehlte Leber rasch abbraten, pfeffern und salzen und auf dem Risotto anrichten. Den restlichen Wein in die Pfanne gießen – aufkochen und über die Leber gießen.

Dazu servieren Sie blanchierte Salate.

Kalbszunge mit Tomatensoße

Zutaten:

1 kg	*Kalbszunge, Meersalz*
3 EL	*Weißweinessig*
1 Bd.	*Suppengrün, 1o Pfefferkörner*
1	*Lorbeerblatt, 1 Zwiebel vierteln,*
	Pfeffer frisch gemahlen
2 große	*Tomaten entkernen und würfeln*
	Saft von 1/2 Zitrone, Prise Thymian
1 EL	*Kapern hacken, 1 TL Sardellenpaste*
2 EL	*Tomatenmark*
2 cl	*Sake oder Sherry*
2o g	*Butterschmalz*
1 Bd.	*Basilikum klein hacken*

F in einem Topf 2 l Wasser zum Kochen bringen
E Kalbszunge und Suppengrün dazugeben
M Pfefferkörner, Zwiebel und Lorbeerblatt dazugeben
W salzen
H Essig eingießen und etwa 9o Min. milde kochen.
Die Zunge ist gar, wenn man die Spitze leicht durchstechen kann.
Den Sud durchseihen und davon 1/2 l abmessen.

Den Sud in einen Topf geben und

H Tomatenwürfel und Zitronensaft hineingeben
H Tomatenmark einrühren
F Thymian einstreuen
E Butter dazugeben
M Kapern und Sake
W Sardellenpaste einrühren und 1o Min. bei starker Hitze leicht einkochen lassen
M Pfeffer und Basilikum einrühren.

Die Zunge häuten, in Scheiben schneiden und mit der Soße umgießen.

Dazu paßt Dinkelreis, Risotto oder Vollkornspätzle.

Karpfenfilet im Gemüsebett

Zutaten:

1 kg	*Fleischtomaten häuten, vierteln und entkernen, mit Pfeffer und Salz würzen*
75o g	*kleine Kartoffel schälen, halbieren und über Dunst 7 Min. vorgaren*
1 kg	*Karpfenfilet mit Pfeffer einreiben, salzen und mit Zitronensaft beträufeln und 1/2 Std. kalt stellen*
1oo g	*Staudensellerie in 5 cm lange Stücke schneiden und dann in feine Streifen*
1oo g	*Petersilienwurzel in Streifen schneiden*
1oo g	*Frühlingszwiebel in Streifen schneiden*
25o g	*Schalotten vierteln und in Öl bräunen*
1 Bd.	*Petersilie fein hacken*
1 Bd.	*Basilikum fein hacken*
1o EL	*Olivenöl, Meersalz*

F	heißer Topf
E	2 EL Olivenöl erhitzen
E	Sellerie andünsten
M	Petersilienwurzel ca. 5 Min. andünsten
M	Frühlingszwiebel dazugeben und die Hälfte der Petersilie und v. Basilikum und 2 Min. dünsten
M	pfeffern
W	salzen

Eine große feuerfeste Form ausfetten, die Schalotten am Rand rundherum verteilen, die Hälfte der Karpfenfilets in die Mitte legen, obige Gemüsefarce darauf verteilen und die restlichen Karpfenfilets darauf legen. Kartoffel und Tomaten um den Fisch verteilen, mit Pfeffer und Salz nachwürzen und mit 5 EL Olivenöl beträufeln. Den Fisch im vorgeheizten Rohr bei 2oo Grad ca. 3o–4o Min. garen. Dann 1 EL Olivenöl erwärmen, die restlichen Kräuter darin andünsten (ganz kurz) und längs über den Fisch verteilen.

Kühlen Salat dazu servieren – schmeckt prima!

Gärtnerin-Aufstrich

Zutaten:

5o g	*Butter oder Reformmargarine*
5o g	*Schaf- oder Ziegenfrischkäse*
1 TL	*Senf, etwas Zitronensaft*
1/2 TL	*Paprika, Pfeffer frisch gemahlen*
	etwas Kümmel gemahlen; Meersalz
1 Bd.	*Schnittlauch fein geschnitten*
je 1/2 Bd.	*Petersilie und Dill fein gehackt*
1/4	*grüner Paprika ganz klein würfeln*
1/4	*Salatgurke ganz fein würferln,*
1/2	*Zwiebel fein hacken*
	Prise Thymian

F	Schaf- oder Ziegenkäse in eine Schüssel geben
E	Butter unterrühren
E	Paprika und Salatgurke unterrühren
M	Zwiebel, Petersilie, Dill, Schnittlauch, Senf, Kümmel und Pfeffer unterrühren
W	salzen
H	Zitronensaft unterrühren
F	Thymian und Paprikapulver unterrühren und gut durchziehen lassen.

Ziegenkäse-Aufstrich

Zutaten:

125 g	*etwas festeren Ziegenfrischkäse*
1oo g	*schwarze Oliven entkernen und zerkleinern*
1oo g	*Schafjoghurt*
1	*Knoblauchzehe fein gerieben*
1 Bd.	*Basilikum fein geschnitten*
	Pfeffer frisch gemahlen
1 EL	*Sesam ohne Fett rösten und mahlen*

F Ziegenkäse in eine Schüssel geben
H mit Joghurt verrühren
F Oliven unterrühren
E Sesam unterrühren
M Knoblauch, Pfeffer und Basilikum unterrühren
W salzen.

Avocado-Aufstrich

Zutaten:

30 g	*Zwiebel ganz fein hacken*
100 g	*Tomaten entkernen und klein würfeln*
200 g	*Avocadofruchtfleisch fein zerdrückt*
1 TL	*Zitronensaft*
2 TL	*Hefeflocken*
1	*Knoblauchzehe fein gerieben*
1/2 Bd.	*Basilikum fein geschnitten, Meersalz und Pfeffer frisch gemahlen*

E Avocadomus in eine Schüssel geben
M Zwiebel, Basilikum, Knoblauch und Pfeffer untermischen
W salzen
H Zitronensaft unterrühren
H Hefeflocken und Tomaten unterheben.

Topfen-Kartoffel

Zutaten:

2oo g	*gekochte, mehlige Kartoffel fein reiben*
15o g	*Topfen oder Ziegen- oder Schaffrischkäse*
5o g	*Butter oder Reformmargarine*
1 kleine	*Zwiebel fein gehackt*
	Meersalz, Pfeffer und 1 TL Kümmel gemahlen
1/2 Bd.	*Schnittlauch fein geschnitten*
2oo g	*Paprikaschoten (rot, gelb und grün) fein gewürfelt*

F Ziegenfrischkäse in eine Schüssel geben
E Kartoffel, Butter und Paprikaschoten unterheben
M Zwiebel, Pfeffer, Kümmel und Schnittlauch unterrühren
W salzen

Buchweizen-Paprika-Aufstrich

Zutaten:

100 g	*Buchweizen grob geschrotet*
200 g	*Gemüsebrühe*
1 EL	*Hefeflocken, 1 kleine Zwiebel fein gehackt*
100 g	*rote und 100 g grüne Paprikaschoten fein gehackt*
50 g	*Butter, Meersalz und frische Kräuter, wie Basilikum, Majoran, Schnittlauch, Petersilie fein gehackt Pfeffer und Paprikapulver*

F	heißer Topf
F	Buchweizen etwas anrösten
E	Gemüsebrühe angießen
M	Zwiebel dazugeben und aufkochen, auf ausgeschalteter Herdplatte ausdünsten und anschließend überkühlen lassen
E	Butter unterrühren und pürieren, dann Paprikawürfel unterrühren
M	Majoran, Petersilie, Schnittlauch, Basilikum und Pfeffer unterrühren
W	salzen
H	Hefeflocken unterrühren
F	mit Paprikapulver würzen.

Azukibohnen-Stangerl

Zutaten:

1 Tasse	*Azukibohnen über Nacht einweichen und dann abtropfen lassen*
2 Tassen	*Apfelsaft*
1 Tasse	*Wasser*
1 TL	*Vanille*
1 Tasse	*gekochtes und püriertes Apfelkompott*
1/2 Tasse	*Pfeilwurzelmehl oder Maizena*
1 1/2 Tassen	*Reismehl*
1 TL	*Meersalz*
1 TL	*Kakao*
1/2 Tasse	*Sesamöl*
1 Tasse	*gehackte Nüsse nach Wahl*
1 Tasse	*Rosinen*
1/2 Tasse	*Ahornsirup*

Die Bohnen nach dem Einweichen mit Wasser und Apfelsaft weich kochen und pürieren.

W Azukibohnenbrei in eine Schüssel geben
H Apfelpüree untermischen
F Kakao unterrühren
E Maizena, Vanille, Sesamöl, Ahornsirup, Nüsse und Rosinen untermischen
M Reismehl unterrühren
W salzen

Die Konsistenz des Teiges soll zwischen Rühr- und Knetteig liegen. Den Teig auf einem gefetteten Backblech verteilen bis ca. 2 cm Stärke und bei 2oo Grad backen, bis die Oberfläche dunkel und fest ist, ungefähr 1 Stunde.
Auskühlen lassen und in Stangerl schneiden.

Gut für eine kleine Zwischenmahlzeit oder als Kraftnahrung, wenn Sie wandern.

Hollerpalatschinken

Zutaten:

15o g	*feines Dinkel- oder Weizenmehl*
2oo g	*Milch, Sojamilch oder Mineralwasser*
	Prise Kakao, Meersalz, Honig
25o g	*Hollerbeeren,*
3	*Eier*
2	*Äpfel grob raffeln, Prise Zimt*
1	*Vanillezucker, Zitronenschale*
1oo ml	*Obers, 2 TL Maizena*
	Öl zum Ausbacken oder Butterschmalz

W Mineralwasser in eine Schüssel geben
W salzen
H Weizen- oder Dinkelmehl einrühren
F Prise Kakao unterrühren und 3o Min. quellen lassen
E etwas Honig und die Eier unterschlagen

Fülle:

H Äpfel in eine Topf geben und heiß werden lassen
F Hollerbeeren dazugeben und weich dünsten
H Zitronenschale unterrühren
F Prise Kakao dazugeben
E Zimt, Vanillezucker und Honig unterrühren
E mit Maizena eindicken und auskühlen lassen
(1 EL Maizena vorher in etwas kaltem Wasser anrühren)
E steif geschlagenes Obers vorsichtig unterheben.

Palatschinken backen und mit obigem Fruchtmus füllen.

Rote Grütze

Zutaten:

25o g	*Himbeeren*
25o g	*Ribisel*
25o g	*Kirschen entsteinen*
1oo g	*Rohrzucker*
1 l	*Wasser*
7o g	*Speisestärke*
	Milch

H Ribisel in einen Topf geben
F kochendes Wasser dazugeben
E Kirschen und Himbeeren dazugeben
E Zucker unterrühren und 1o Min. kochen und mit dem Schneidstab pürieren

Nochmals aufkochen und die in kaltem Wasser angerührte Speisestärke einrühren und mit Zucker abschmecken. 1o Min. abkühlen lassen und dann in eine mit kaltem Wasser ausgespülte Schüssel gießen und erkalten lassen.

Man serviert die Grütze traditionell mit frischer kalter Milch.

Möchten Sie die Grütze stürzen, dann müssen Sie 9o g Speisestärke nehmen. Es schmeckt auch köstlich mit Grieß (12o g) oder mit Sago (ebenfalls 12o g)

Marillen-Erdbeeren-Kompott

Zutaten:

350 g	*Marillen entsteinen und achteln*
1 Pk.	*Vanillezucker*
100 g	*Rohrzucker*
125 ml	*Weißwein (am besten Beerenauslese)*
250 g	*Erdbeeren vierteln, Prise Salz*
2 EL	*Zitronensaft*
1–2 EL	*alter Balsamicoessig*

F	heißer Topf
E	Zucker bei mittlerer Hitze goldbraun karamellisieren
M	3/4 v. Weißwein angießen und leise köcheln, bis sich der Karamel gelöst hat
E	Vanillezucker und Marillen dazugeben
M	restlichen Weißwein dazugeben
W	winzige Prise Meersalz unterrühren
H	Zitronensaft dazugeben und 5 Min. leise köcheln
H	Balsamicoessig dazugeben und erkalten lassen
H	die Erdbeeren unterrühren und 1/4 Std. durchziehen lassen.

Knäckebrot aus Roggen und Buchweizen

Zutaten:

2oo g	*Roggenmehl*
2oo g	*Buchweizenmehl*
2 TL	*Weinsteinbackpulver*
1 TL	*Kümmel frisch gemahlen*
1 TL	*Meersalz*
1oo g	*Reformmargarine oder Butter*
25o g	*Schafjoghurt*

H Joghurt und Backpulver in eine Schüssel geben
F Roggen- und Buchweizenmehl vermischt unterrühren
E Butter in kleinen Flocken darauf verteilen und vermischen
M Kümmel untermischen
W salzen

Einen festen Teig kneten und zugedeckt 1 Std. ruhen lassen

Den Teig 3 mm dick ausrollen, Rechtecke von ca. 1ox5 cm Größe ausradeln, auf ein gefettetes Backblech legen, mit einer Gabel ordentlich einstechen und dann bei 2oo Grad backen. Ganz aus kühlen lassen. Läßt sich wunderbar auf Vorrat backen, hält sich in einer Dose mind. 1 Woche knusprig.

Haben Sie keine Angst, es ist ganz leicht und schmeckt ***sensationell!***

Roggensemmerl (ca. 12 Stück)

Zutaten:

5oo g	*Roggenmehl*
25o g	*Weizenmehl*
1 Würfel	*Germ in 0.6 l lauwarmem Wasser auflösen*
1 TL	*Zucker*
1 EL	*Meersalz*
	Prise Pfeffer frisch gemahlen
	Muskatnuß frisch gemahlen
15o g	*Sauerteig (bekommen Sie im Reformhaus oder beim Bäcker)*
3 EL	*Sesam*

H Weizenmehl in eine Schüssel geben
F Roggenmehl untermischen
E Zucker untermischen
M Pfeffer und Muskat untermischen
W salzen
H Hefewasser und Sauerteig unterrühren und

zu einem festen Teig verkneten, diesen zugedeckt gehen lassen, bis er sich verdoppelt hat, ca. 1 Stunde.

Den Teig nochmals ordentlich durchkneten, in 12 gleich große Stücke teilen, Kugeln formen, flach drücken, auf ein befettetes Blech legen und zugedeckt nochmals 3o Min. gehen lassen. Inzwischen den Backofen auf 22o Grad vorheizen.

Die Semmerl mit Wasser bestreichen, mit einem scharfen Messer kreuzweise einschneiden, mit Sesam bestreuen und diesen andrücken.
Auf der mittleren Schien des Rohres ca. 3o Min. backen.

Vollwertweckerl mit Roggen

Zutaten:

6oo g	*Weizenmehl*
4oo g	*Roggenmehl*
1 Würfel	*Germ, 1 TL Zucker und etwas lauwarmer Milch („Dampfl" zubereiten)*
3/4 l	*lauwarme Buttermilch*
1 TL	*Meersalz*
2 EL	*Brotgewürz*
1 Ei	*zum Bestreichen*
	Mohn, Sesam oder Kümmel zum Bestreuen

H Weizenvollmehl in eine Schüssel geben
F Roggenmehl untermischen
E kleine Prise Zucker untermischen
M Brotgewürz untermischen
W salzen
H Buttermilch und Dampfl unterrühren
und zu einem festen Teig verkneten und diesen zugedeckt 1 Std. rasten lassen.

Nochmals durchkneten, Laiberl, Weckerl oder Zöpfe formen, diese mit verquirltem Ei bestreichen und mit Mohn, Sesam oder Kümmel bestreuen. Nochmals gehen lassen und bei 22o Grad im vorgeheizten Rohr 3o Min. backen.

Nach 1o Min. Backzeit 1 Tasse heißes Wasser ins Backrohr schütten.

Italienisches Fladenbrot

Zutaten:

2oo g	*Weizenmehl*
2oo g	*Dinkelmehl*
1 TL	*Rosmarin, 2 TL Basilikum*
	Prise Pfeffer, 1 Hefewürfel, 2 TL Zucker
1/4 l	*lauwarmes Wasser, 3 Knoblauchzehen fein reiben*
6 EL	*Olivenöl, 1 TL Meersalz*
	Paprika
5o g	*Pinienkerne in einer Pfanne ohne Fett rösten*

H	Weizen- und Dinkelmehl in eine Schüssel geben und gut vermischen
F	Rosmarin und Paprika untermischen
E	Zucker und Pinienkerne untermischen
M	Pfeffer und Basilikum untermischen
M	Knoblauch in Olivenöl angebraten untermischen
W	salzen
H	Germ in lauwarmem Wasser aufgelöst unterarbeiten

Den Teig gut durchkneten und zugedeckt 1/2 Stunde gehen lassen und nochmals durchkneten.

Aus dem Teig 8 Kugeln formen, diese flach drücken (Durchmesser ungefähr 8–12 cm), auf ein gefettetes Backblech legen und nochmals gehen lassen. Ofen auf 2oo Grad vorheizen. Die Fladen mit einer Gabel mehrmals einstechen, mit Olivenöl bestreichen und ca. 25 Min. backen.

Schmeckt prima!

Pikante Stangerl zum Wein

Zutaten:

1oo g	*Weizenmehl*
5o g	*Buchweizenmehl*
5o g	*Maismehl fein*
1 1/2 TL	*Weinsteinbackpulver*
1	*Messerspitze Meersalz*
1 TL	*Paprika, Prise Pfeffer,*
2	*Eier*
1oo g	*Butter*
1oo g	*fester Schafkäse zerbröselt*

H	Weizenmehl in eine Schüssel geben
F	Buchweizenmehl untermischen
F	Paprikapulver untermischen
E	Maismehl untermischen
M	Pfeffer untermischen
W	salzen
H	Weinsteinbackpulver unterheben
F	Schafkäse untermischen
E	Eier und Butter unterarbeiten und fest durchkneten.

1 Stunde zugedeckt ruhen lassen.

Den Teig in ca. 5o Stücke teilen und daraus ca. 1o cm lange Stangerl formen. (Teilen Sie den Teig zuerst in 4 Teile, dann jeden Teil wieder in 4 und diese in 3 Teile).
Auf ein gefettetes Backblech legen und bei 2oo Grad ca. 2o Min. goldbraun backen.

Backen Sie die Stangerl auf Vorrat, in einer Dose aufbewahrt, halten sie sich einige Zeit. Wenn Sie überraschend Besuch bekommen, haben Sie einen kleinen Snak anzubieten und Sie werden Erfolge erzwingen!

Süßreisfrühstück

Zutaten:

200 g	*Süßreis (Vollreis)*
4 EL	*Rosinen*
1 EL	*frische Butter*
	Prise Minze
	Meersalz
500 g	*gemischte Beeren (wie Himbeeren, Erdbeeren, Kirsche etc.)*
1 TL	*Schale von ungespritzter Zitrone*
1 EL	*Maizena in kaltem Wasser angerührt*
	Honig nach Geschmack
4 EL	*Walnüsse oder Kürbiskerne oder Sonnenblumenkerne gehackt und geröstet*

F	heißer Topf
E	Süßreis anrösten
F	mit doppelter Menge kochendem Wasser aufgießen
E	4 EL Rosinen dazugeben und ausdünsten lassen
E	Butter unterrühren
M	Minze
W	salzen

Aus den Beeren Kompott kochen, mit Maizena binden und mit Honig süßen. Zum Süßreis reichen und mit gerösteten Nüssen bestreuen.

Sie können auch frisches Obst servieren.

Ich empfehle immer gekochten Getreidebrei zum Frühstück, da Frischkornmüsli sehr schwer verdaulich ist. Man muß schon top-gesund sein, um es gut vertragen zu können.

Rezeptteil

Erntezeit

*

Es ist die Zeit der ausgeglichenen und
sich sammelnden Energie.
Durch vermehrten Verzehr von Erdeprodukten
während dieser Zeiten wird der Übergang von einer
Jahreszeit zu anderen erleichtert.

*

29. 7. – 17. 8.

und zwischen den Jahreszeiten
30. 10. – 15. 11
18. 1. – 13. 2.
27. 4. – 16. 5.

Kürbissuppe

Zutaten:

400 g	*Kürbis in kleine Stücke schneiden*
200 g	*Karotten raffeln*
1	*Zwiebel klein hacken*
2 EL	*Butterschmalz und eine Prise Kurkuma*
2 EL	*Hirsemehl*
1l	*Gemüsebrühe, Ingwer frisch gerieben, Meersalz*
4 EL	*Mandelblättchen in einer Pfanne ohne Fett goldgelb rösten*
4 EL	*Sauerrahm oder Schafjoghurt*

F	heißer Topf
E	Butterschmalz erhitzen
M/E	Zwiebel glasig dünsten
E	Kürbis und Karotten zugeben und kurz anrösten
E	Hirsemehl anschwitzen
E	Gemüsebrühe angießen und ca. 15 Min. köcheln lassen, anschließend pürieren
M	Ingwer dazugeben
W	salzen
H	Rahm unterrühren
F	Kurkuma unterrühren und nochmal kurz aufkochen.

Mit den gerösteten Mandelblättchen bestreut servieren.

Hirsenockerlsuppe

Zutaten:

4 EL	*Hirse ganz fein gemahlen*
15o g	*Topfen (oder Schafkäse)*
1	*Eigelb, Meersalz, Muskatnuß, Prise Paprika*
4o g	*Butter*
1	*Eiweiß steif schlagen*
1l	*Gemüsebrühe*
1/2 Bd	*Schnittlauch fein geschnitten*

E Butter schaumig rühren
E Hirsemehl und Eidotter unterrühren
M Muskatnuß unterrühren
W salzen
H Topfen unterrühren
F Paprika unterrühren und dann 1/2 Std. quellen lassen
E steif geschlagenes Eiklar unterheben

Kleine Nockerl abstechen und in die kochende Gemüsebrühe einlegen und ca. 1o–15 Min. ziehen lassen.

M mit Schnittlauch verfeinern

Gerstensuppe

Zutaten:

4	*gehäufte EL feines Gerstenschrot*
1l	*Gemüsebrühe*
	Fenchel, Anis frisch gemahlen,
	Muskatnuß und 1 TL Kerbel
8 EL	*Sauerrahm*

F heißer Topf
E Gerstenschrot anrösten
E Gemüsebrühe angießen und einige Zeit köcheln lassen (ständig umrühren) und mit
E Fenchel und Anis würzen
M mit Muskatnuß würzen und Kerbel unterrühren
W salzen
H Sauerrahm unterrühren

Gemüsesuppe

Zutaten:

2 EL	*Öl*
1	*Zwiebel fein hacken*
1oo g	*junge Erbsen*
2	*Karotten in kleine Würfel schneiden*
1/2	*Sellerieknolle in kleine Würfel schneiden*
1	*Stange Lauch in Ringe schneiden*
1/2 kl.	*Gurke in kl. Würfel schneiden*
1 Tasse	*Weißwein, 1/2 l Gemüsebrühe*
1 rohe	*Kartoffel ganz fein gerieben*
	Meersalz, Pfeffer frisch gemahlen, Prise Muskatnuß
1 Bd.	*Schnittlauch oder Petersilie fein gehackt*

F	heißer Topf
E	Öl erhitzen
M/E	Zwiebel andünsten
E	Erbsen, Karotten, Sellerie und Gurke dazugeben und kurz anrösten
E	mit Gemüsebrühe auffüllen
M	Lauch dazugeben und Weißwein, dann 1o Min. köcheln lassen
E	die fein geriebenen Kartoffel unterrühren und nochmals kurz kochen lassen
M	mit Pfeffer und Muskat und Schnittlauch würzen
W	salzen.

Karottensuppe

Zutaten:

600g	*Karotten raffeln*
3 EL	*Öl oder Butterschmalz*
1/2 l	*Gemüsebrühe, 1 Schuß Sekt oder Weißwein*
	Pfeffer, Prise Zucker, 1 TL Kerbel
1/2 Tasse	*Sojamilch*

F	heißer Topf
E	Butterschmalz erhitzen
E	Karotten andünsten
E	mit Gemüsebrühe aufgießen und die Karotten weich kochen, anschließend im Mixer pürieren
E	Prise Zucker zugeben
M	mit Pfeffer und Kerbel würzen nochmals aufwallen lassen
M	mit Sekt oder Weißwein verfeinern
W	salzen
H	Sojamilch unterrühren

Sie können ebenso statt der Karotten Kürbis nehmen.

Russische Gemüsesuppe

Zutaten:

1	*Zwiebel fein hacken, 1 Knoblauchzehe fein reiben*
2	*Karotten raffeln*
50 g	*Lauch in feine Ringe schneiden*
50 g	*Staudensellerie in feine Ringe schneiden*
2	*Petersilienwurzeln raffeln*
2	*mittelgroße rote Rüben*
250 g	*Kartoffel in Würferl schneiden*
2–3 EL	*Öl*
100 g	*Sauerkraut klein schneiden*
2 EL	*Tomatenmark*
1200 ml	*Gemüsebrühe*
1	*Lorbeerblatt, 1 TL Kümmel, Meersalz, Pfeffer, Prise Piment*
150 g	*Sauerrahm*

F	heißer Topf
E	Öl erhitzen
M/E	Zwiebel andünsten
M	Knoblauch andünsten
E	Staudensellerie und Karotten
E	Kartoffelwürfel mitdünsten
M	Lauch und Petersilienwurzel dazugeben
M	mit Kümmel und Lorbeerblatt würzen
W	salzen
H	Sauerkraut und Tomatenmark dazugeben
F	rote Rüben unterheben
E	Gemüsebrühe angießen und ca. 10 Min. kochen lassen
M	mit Pfeffer und Piment würzen
W	salzen, nochmals aufwallen lassen und mit
H	einem Klecks Rahm verfeinern.

Erbsenlaibchen

Zutaten:

2 EL	*Öl*
1	*Zwiebel fein gehackt*
500 g	*gekochte Erbsen*
2	*Eier, 1 EL Senf, Meersalz, Pfeffer frisch gemahlen*
2 alte	*Semmeln in Wasser eingeweicht und dann ausdrücken*
1 Bd.	*Petersilie fein gehackt, Prise Muskat, etwas Sojasoße,*
1 TL grüne	*Pfefferkörner, Haferflocken zum Binden*
1 Tasse	*Vollmehl*
1 Tasse	*Semmelbrösel*
1 EL	*Senf,*
2	*Eier, Öl zum Ausbacken*

F	heißer Topf
E	Öl erhitzen
M/E	Zwiebel andünsten
E	Erbsen im Mixer pürieren und dazugeben
E	die ausgedrückten Semmeln unterarbeiten
E	Eier unterrühren
M	Senf dazugeben, Pfeffer, Muskat, grüne Pfefferkörner und Petersilie und mit Haferflocken binden
W	mit Salz und Sojasoße abschmecken

Laibchen formen, in Mehl, Ei und dann in Brösel wenden und in Öl braun backen.

Da thermisch das Gericht etwas warm ist, servieren Sie zum Ausgleich Gurken- oder Endiviensalat dazu oder Joghurt.

Gemüsepuffer

Zutaten:

2oo g	*Karotten grob raffeln*
2oo g	*Knollensellerie grob raffeln*
3oo g	*Kartoffel grob raffeln*
4 El	*feines Hafermehl*
2	*Eier, Pfeffer, Liebstöckl, Muskat, Meersalz*
1 Bd	*Petersilie und Dill fein gehackt*
	Olivenöl zum Backen

E Karotten, Sellerie und Kartoffel in eine Schüssel geben
E Eier unterrühren
M das Mehl unterheben
M alle Gewürze dazugeben und vermischen
W salzen

Kleine Puffer formen und in Öl knusprig braten. Dazu schmeckt Salat aus Erdegemüse oder Schafjoghurt mit Kräutersalz

Allgemein möchte ich Sie auf folgendes hinweisen:

Bei Bluthochdruck und Leberproblemen vermeiden Sie Knoblauch (besonders in Verbindung mit Fleisch), Pfeffer, Muskat und auch Dill.
Nehmen Sie als Ersatz einfach andere Gewürze, wie Petersilie, Basilikum oder Majoran.

Krautpalatschinken

Zutaten:

200 g	*Weizen- oder Dinkelmehl*
1/4 l	*Milch oder Mineralwasser*
2	*Eier, Salz, Prise Paprika*

Teig mit Mineralwasser

W Mineralwasser in eine Schüssel und salzen
H Mehl einrühren
F Prise Paprika einrühren
E Eier unterrühren

Teig mit Milch

E Milch in eine Schüssel geben
E Eier einrühren
M Prise Kümmel
W salzen
H Mehl unterrühren

Zutaten für die Fülle:

1/2 kg	*Weißkraut fein schneiden, 1 EL Hefeflocken*
1	*Zwiebel kleinschneiden*
1	*roter und ein grüner Paprika in feine Streifen schneiden*
2	*Knoblauchzehen fein reiben, Meersalz, Pfeffer, süßer Paprika, Kümmel und Olivenöl*

F heißer Topf
E Öl erhitzen
M/E Zwiebel anrösten
E Paprika und Kraut dazugeben und zugedeckt langsam nicht zu weich dünsten
M Knoblauch unterrühren, sowie Kümmel und Pfeffer
W salzen
H Hefeflocken unterrühren
F mit Paprika würzen

Die Palatschinken in Olivenöl backen – füllen, einrollen und im sehr heißen Rohr erhitzen.

Kartoffellaibchen mit Käse

Zutaten:

75o g	*Kartoffel gekocht und fein reiben*
1	*Zwiebel fein hacken*
5o g	*Sauerrahm*
5o g	*Weizen-, oder Dinkelgrieß*
	Meersalz, Pfeffer und Muskat frisch gerieben
125 g	*geriebener Hartkäse*
1 Bd.	*Petersilie fein gehackt*

E Kartoffel in eine Schüssel geben oder auf ein Brett
M Zwiebel, Pfeffer, Muskat, Petersilie und Käse unterarbeiten
W salzen und durchkneten
H Grieß und Rahm unterarbeiten

Kleine Laibchen formen und in Öl herausbacken.

Bekömmlicher sind alle Laibchen oder Puffer, wenn man sie im Rohr bäckt und dann erst mit frischer Butter oder kaltgepreßtem Olivenöl bestreicht (besonders zu empfehlen bei erhöhtem Cholesterinspiegel).

Gebackenes Gemüse mit Tomatensoße

Zutaten:

2oo g	*Brokkoli*
2oo g	*Karfiol*
2oo g	*Karotten*
2oo g	*Sellerie*
	das Gemüse in mundgerechte Stücke und die Karotten in Streifen schneiden, in Salzwasser
5–1o Min.	*blanchieren (besser über Dunst) und abtropfen lassen.*
125 g	*Weizen- oder Dinkelmehl*
1 Tasse	*Bier, 1 EL Olivenöl,*
1	*Ei, Basilikum und Meersalz*

Teig:

H	Weizen- oder Dinkelmehl in eine Schüssel geben
F	Bier einrühren
E	Olivenöl unterrühren
E	Ei (das Klar steif schlagen) und unterheben
M	etwas Basilikum unterheben
W	salzen und 15 Min. quellen lassen

In der Zwischenzeit kochen Sie die Tomatensoße.

Zutaten für die Tomatensoße:

4	*große Fleischtomaten gewürfelt, wenn man will, vorher häuten*
1	*Zwiebel fein hacken, 2 EL Olivenöl,*
2 EL	*Tomatenmark, 2 EL Vollmehl, 1 Tasse Weißwein*
1 Tasse	*Gemüsebrühe, 1 Tasse Sojamilch oder Obers*
	Meersalz, Pfeffer, Prise Zucker, 1 TL Oregano (frischer Oregano – 1/2 Bd.)

F	heißer Topf
E	Öl erhitzen
M/E	Zwiebel glasig dünsten
M	mit Weißwein ablöschen
W	salzen
H	Tomaten zugeben und 5 Min. dünsten
H	Tomatenmark unterrühren und mit Weizenmehl stauben
F	Oregano dazugeben
E	mit Gemüsebrühe aufgießen und 5 Min. köcheln
E	Sojamilch oder Obers einrühren und mit Prise Zucker abschmecken
M	mit frisch gemahlenem Pfeffer würzen und, wenn nötig,
W	salzen

Das fertige Gemüse wird im Teig gewendet und im heißen Olivenöl goldgelb fritiert, dazu reichen Sie die Tomatensoße.

Italienische Gnocchi

Zutaten:

800 g	*Kartoffel mit Kümmel und Salz kochen, schälen und durch die Kartoffelpresse drücken*
150 g	*feinen Weizengrieß, Muskatnuß frisch gerieben*
1/2 Tasse	*lauwarmes Wasser*
5 EL	*geriebener Hartkäse*
1 l	*Gemüsebrühe*

E Kartoffel auf ein Brett geben
M Muskat und Käse untermischen
W salzen und Wasser dazugeben
H Grieß einarbeiten und zu einem geschmeidigen Teig verkneten

Diesen zu einer ca. 5 cm dicken Rolle formen, davon 1–2 cm dicke Scheiben abschneiden und kleine Knöderl formen, mit einer Gabel flach drücken und in der Gemüsebrühe garziehen lassen.

Dazu paßt Tomaten-Basilikumsoße und mit Parmesan bestreut, oder heiße Butter über die Gnocchi geben – mit Parmesan bestreuen und Salate dazu servieren.

Pikantes Kürbisgemüse

Zutaten:

500 g	*Kürbisfleisch grob raffeln*
25 g	*Öl oder Butterschmalz, Meersalz und weißer Pfeffer frisch gemahlen*
3	*zerstoßene Korianderkörner*
1	*Stange Lauch in Ringe schneiden*
150 g	*Champignon blättrig schneiden*
1 EL	*Honig*
2 EL	*Balsamicoessig*
2 EL	*gehackte Kürbiskerne*
1 Bd.	*Petersilie fein gehackt, Prise Paprika*

F heißer Topf
E Fett erhitzen
M Lauch andünsten
E Champignon dazugeben und ca. 5 Min. dünsten
E Kürbis dazugeben und weitere 5 Min. dünsten
M Koriander und Pfeffer unterrühren
W salzen und wenn nötig, etwas Wasser dazugeben und mit
H Balsamicoessig abschmecken
F Prise Paprika unterrühren
E Honig unterrühren
E Kürbiskerne darüberstreuen und zum Schluß
M die Petersilie

Dazu schmeckt ausgezeichnet:
Spätzle, Vollkornnudeln, aber auch Reis.

Gemüsegulasch

Zutaten:

5oo g	*kleine Kartoffel schälen und der Länge nach vierteln*
6oo g	*Karotten in 1 cm dicke Scheiben schneiden*
25o g	*grüner Spargel am unteren Drittel schälen und in 4 cm lange Stücke schneiden (ersatzweise Fisolen nehmen)*
15o g	*Zuckerschoten oder Erbsen*
1o g	*frischer Ingwer fein gerieben*
1 Bd.	*Schnittlauch fein schneiden*
4o g	*Butterschmalz oder Öl*
1 EL	*Curry*
3o g	*Maismehl*
1/4 l	*Gemüsebrühe*
1/4 l	*Milch (Sojamilch)*
	Salz, Pfeffer, 1 EL Zitronensaft

F	heißer Topf
E	Fett erhitzen
E	Mehl anschwitzen und mit
E	Brühe und Milch aufgießen und aufkochen
E	Kartoffel und Karotten dazugeben
M	Curry und Ingwer dazugeben und 15 Min. köcheln
E	Spargel (Fisolen) und Zuckerschoten (Erbsen) dazugeben und weitere 1o Min. garen
M	mit Pfeffer und Schnittlauch würzen
W	salzen
H	Zitronensaft unterrühren

Dazu paßt Reis, Teigwaren oder Fladenbrot.

Gemüseeintopf

Zutaten:

2 EL	*Sesamöl*
1	*Zwiebel fein hacken*
1	*Stange Lauch in Ringe schneiden*
2	*Karotten in dünne Scheiben schneiden*
1	*rote und einen grünen Paprika in Streifen schneiden*
3	*Orangen filieren*
1/2 l	*Gemüsebrühe, Meersalz, Pfeffer und Muskatnuß, Ingwer, 1 TL Kümmel, 1 EL Honig*
1/2 Bd.	*Petersilie und Schnittlauch klein schneiden*
1 kleiner	*Chinakohl in Streifen schneiden*

F	heißer Topf
E	Öl erhitzen
M/E	Zwiebel glasig dünsten
E	Karotten, Paprika und Chinakohl dazugeben und umrühren
M	Lauch unterrühren
E	mit Gemüsebrühe auffüllen, mit Honig abschmecken und mit
M	Muskat, Pfeffer, Prise Ingwer und Kümmel würzen
W	salzen
H	Orangen dazugeben und ca. 2o Min. köcheln

Vor dem Servieren mit Petersilie und Schnittlauch bestreuen.

Auberginenschnitzel mit Tomatensoße

Zutaten:

1 große	*Dose geschälte Tomaten abgießen und Tomaten pürieren*
2	*Sardellen ganz fein hacken*
1 EL	*Olivenöl, 1/2 TL Paprika*
2	*Knoblauchzehen fein reiben*
1 EL	*fein gehackte Petersilie*
1 EL	*fein gehacktes Basilikum*
	Meersalz, Pfeffer frisch gemahlen
15o g	*Toastbrot in der Moulinette zerkrümeln*
8oo g	*Auberginen längs in 1/2 cm dicke Scheiben schneiden*
1/2 l	*Milch*
2	*Eier*
3 EL	*Parmesan und Butterschmalz oder Olivenöl zum Braten Zitronenachtel und Petersilie zum Garnieren*

Soße:

H	Tomatenpüree in eine Schüssel geben
F	Paprika unterrühren
E	Olivenöl unterrühren
M	Knoblauch, Petersilie, Basilikum und Pfeffer unterrühren
W	Sardellen unterrühren und salzen

Alles im Mixer oder mit dem Schneidstab pürieren und kalt stellen.

Gesalzene Milch in einem Topf erhitzen und portionsweise die Auberginen ca. 3 Min. garen, herausnehmen und mit Küchenkrepp trocken tupfen.

Eier verquirlen, Parmesan einrühren, pfeffern und salzen – Auberginenscheiben darin wenden und in die Brotkrumen legen und gut andrücken. Dann im heißen Fett goldbraun braten. Mit der Soße anrichten und mit den Zitronenachteln und Petersilie dekorieren.

Gefüllte Auberginen

Zutaten:

4	*kleine Auberginen halbieren, salzen und im Backofen bei 225 Grad backen, das Innere bis auf 1 cm Rand herauslösen und das Herausgelöste grob hacken Meersalz, Thymian, Muskat, Petersilie fein gehackt*
2oo g	*Eierschwammerl oder Champignon fein hacken*
1	*Stange Lauch in feine Ringe schneiden*
3 EL	*Olivenöl*
4 EL	*feines Hafermehl*
2oo ml	*Gemüsebrühe*
12o g	*Obers*
1	*Tomate klein gewürfelt*

F heißer Topf
E 2 EL Öl erhitzen
E Schwammerl anschwitzen
M Lauch dazugeben und zusammen 1o Min. dünsten
E Auberginenfleisch dazugeben
M mit Hafermehl stauben
M Muskatnuß und Petersilie dazugeben
W salzen
H Tomatenwürfel unterrühren
F mit Thymian würzen und kurz köcheln.

Die Auberginenhälften in eine mit Öl ausgepinselte Auflaufform setzen, die Pilzmasse in die Auberginen füllen und die Gemüsebrühe angießen. Mit Alufolie abdecken und ca. 3o Min bei 2oo Grad garen.

Die Auberginen herausheben, die Sahne zum Gemüsefond geben und etwas einkochen lassen und anschließend über die Auberginen gießen.

Gefüllte Paprika mal anders

Zutaten:

2oo g	*rote Bohnen über Nacht einweichen und am nächsten Tag in*
4oo ml	*Gemüsebrühe weich kochen*
4 große	*gelbe Paprika den Deckel abschneiden und in Salzwasser blanchieren*
2oo g	*Zwiebel fein gehackt*
1	*Knoblauchzehe fein reiben*
2 EL	*Olivenöl*
2oo g	*Maiskörner*
4	*Tomaten in Würfel schneiden*
	Meersalz, weißer Pfeffer, 1/2 Bd. Kräuter (Dill, Schnittlauch, Majoran)
2o g	*geriebener Parmesan*
2oo ml	*Gemüsebrühe*

Zutaten für die Soße:

2o g	*Öl oder Butterschmalz*
2o g	*feines Hirse- oder Maismehl*
2 TL	*Kurkuma*
6o ml	*Weißwein*
2oo ml	*Gemüsebrühe*
8 EL	*Obers oder Sojamilch, Meersalz und Pfeffer*

F	heißer Topf
E	Olivenöl erhitzen
M/E	Zwiebel glasig dünsten
M	Knoblauch mitdünsten
E	Maiskörner dazugeben und kurz andünsten, vom Herd nehmen
M	Kräuter und Pfeffer unterrühren
W	salzen und Bohnen unterheben
H	Tomatenwürfel dazugeben und gut vermischen

Die Paprikaschoten pfeffern und salzen und mit dem Gemüse füllen, mit Parmesan bestreuen, Deckel darauf legen und in der Gemüsebrühe ca. 3o Min. bißfest garen

Inzwischen die Soße zubereiten:

F	heißer Topf
E	Butterschmalz erhitzen
E	Mais- oder Hirsemehl anschwitzen
F	Kurkuma dazugeben und etwas andünsten
E	Gemüsebrühe angießen und sämig kochen
E	Obers dazugeben und aufkochen lassen
M	pfeffern
W	salzen
H	mit Weißwein abschmecken

und zu den Paprikaschoten reichen – schmeckt köstlich!

Hirsenockerl mit Rotkraut

Zutaten:

2oo g	*Hirse heiß und kalt spülen*
6oo ml	*Gemüsebrühe*
2 kleine	*Zwiebeln fein gehackt*
2	*Eier*
8o g	*Topfen*
	Meersalz, Pfeffer, Öl
1 kg	*Rotkraut fein geschnitten*
1 großer	*süßer Apfel in dünne Spalten geschnitten*
1 EL	*Butterschmalz, Prise Piment,*
	Muskatnuß frisch gemahlen
1oo g	*Edelpilzkäse*
2oo ml	*Milch (Sojamilch)*

E	Hirse in 4oo ml Gemüsebrühe ca. 2o Min. garen
M	die Hälfte der Zwiebel unterheben und ausquellen lassen
M	Eier unterrühren
M	Pfeffer unterrühren
W	salzen
H	Topfen unterrühren

F	heißer Topf
E	Öl erhitzen
M/E	die restliche Zwiebel glasig dünsten
E	Rotkraut dazugeben und kurz rösten
E	restliche Gemüsebrühe und den Apfel dazugeben
M	mit Pfeffer und Piment würzen
W	salzen und etwa 2o Min. garen.

Backrohr auf 18o Grad vorheizen, eine Auflaufform einölen, Rotkraut darin verteilen, aus der Hirsemasse mit einem Löffel Nockerl formen und in das Kraut setzen.
Käse, Milch, Pfeffer, Muskat und Salz versprudeln und über die Nockerl-Krautmasse gießen und ca. 45 Min. backen.

Hirsenockerl mit Kohlgemüse

Zutaten:

15o g	*Butter*
25o g	*Topfen*
3	*Eier (2 trennen)*
15o g	*Hirseflocken (frisch, sonst schmecken sie ranzig)*
75o g	*Kohl in Streifen schneiden*
	Meersalz, Muskatnuß,Prise Paprika
12o g	*Hartkäse fein reiben*
2o g	*Hirseflocken in einer Pfanne goldgelb rösten und dann 6o g Butter unterrühren*

H	Topfen in eine Schüssel geben
F	Paprika unterrühren
E	1 ganzes Ei und 2 Dotter unterrühren
E	Hirseflocken und 6o g weiche Butter unterrühren und 3o Min. quellen lassen
M	5o g Käse unterheben
E	Eiklar ganz steif geschlagen unterheben
M	mit Muskat würzen und
W	salzen

Aus dieser Masse etwas größere Nockerl formen und in Salzwasser ca. 2o Min. ziehen lassen.

F	heißer Topf
E	Butter erweichen
E	Kohl andünsten
M	mit Muskat würzen und
W	salzen.

Auf einem Teller Nockerl anrichten, mit den gebutterten Hirseflocken bestreuen, Kohl dazugeben und mit dem restlichen Käse bestreuen.

Zucchinisuppe mit Beinwell (oder Borretsch)

Zutaten:

2oo ml	*Gemüsebrühe*
2 EL	*Butter, 2 EL Öl, Meersalz, Muskatnuß*
1oo g	*Weizenmehl*
1oo g	*Hirsemehl*
2 große	*Eier*
2 EL	*geriebener Peccorino*
1 Handvoll	*Beinwell oder Peccorino fein gehackt*
4oo g	*Zucchini in Scheiben schneiden*
2	*Zwiebeln fein würfeln*
1	*Knoblauchzehe fein gerieben*
1 l	*Gemüsebrühe*
5o g	*Obers oder Sojamilch*
5o ml	*Weißwein,*
	Pfeffer, 1–2 Zweige Oregano oder
	1/2 TL getrocknet

E 2oo ml Gemüsebrühe zum Kochen bringen
E Butter hineingeben
M Muskat unterrühren
W salzen
H Weizenmehl mit dem Schneebesen einkochen und so lange mit dem Holzlöffel rühren, bis ein fester Kloß entsteht, vom Herd nehmen und etwas überkühlen lassen, dann
F Peccorino unterrühren
E Eier unterrühren
M Beinwell oder Borretsch unterheben

In einem Topf Salzwasser zum Kochen bringen und mit einem Kaffeelöffel kleine Nockerl ausstechen und ca. 1o Min. im Salzwasser ziehen lassen, dann abtropfen lassen.

Suppe:

F	heißer Topf
E	Öl erhitzen
M/E	Zwiebel andünsten
M	Knoblauch andünsten
E	Zucchini dazugeben und kurz andünsten
E	Hirsemehl dazugeben und anschwitzen
E	und mit Gemüsebrühe auffüllen und 5 Min. leise köcheln lassen, dann im Mixer pürieren
E	Obers oder Sojamilch einrühren
M	mit Pfeffer und Oregano würzen und kurz aufwallen lassen
W	salzen
H	sehr trockenen Weißwein unterrühren

Nockerl in die Suppe einlegen und nochmals kurz erhitzen.

Kartoffelgnocchi mit Tomaten-Paprikagemüse

Zutaten:

7oo g	*mehlige Kartoffel kochen*
6o g	*Pinienkerne oder Sonnenblumenkerne rösten und fein mahlen*
2oo g	*Hirsemehl, Meersalz, Majoran*
1	*rote, 1 gelbe und eine grüne Paprikaschote in Streifen geschnitten*
5oo g	*Fleischtomaten grob würfeln*
2	*Zwiebeln fein hacken*
2	*Knoblauchzehen fein reiben*
1 TL	*Majoran*
2 EL	*Olivenöl, Pfeffer, Salz*

E Kartoffel durch die Presse drücken
E Pinienkerne und Hirsemehl untermischen
M Majoran unterarbeiten
W salzen und einen festen Teig kneten

Den Teig zu einer ca. 2 cm dicken Rolle formen und alle 3 cm abschneiden und mit einer Gabel flach drücken. Portionsweise in Salzwasser garen, abschrecken, abtropfen und auf die Arbeitsfläche legen.

F heißer Topf
E Öl erhitzen
M/E Zwiebel glasig dünsten
E die Paprika dazugeben
M Knoblauch untermengen und 5 Min. garen
M mit Pfeffer und Majoran würzen
W salzen
H Tomatenwürfel in den Topf geben und offen ca. 5–1o Min. garen.

Die Gnocchi im Gemüse heiß werden lassen.
Mit Parmesan bestreuen – wenn gewünscht.

Polenta

Zutaten:

1	*Zwiebel fein hacken*
1	*Knoblauchzehe fein reiben*
1/2 l	*Gemüsebrühe*
1/2 l	*Milch (oder Sojamilch)*
	Pfeffer, Muskat, Koriander, Piment, alles frisch gemahlen
25o g	*Maisgrieß*
5o g	*Parmesan*
1 Bd.	*Petersilie fein gehackt*
	Meersalz

F	heißer Topf
E	Gemüsebrühe und Milch zum Kochen bringen
M	Zwiebel und Knoblauch dazugeben
M	und alle Gewürze außer Petersilie
E	Maisgrieß einkochen und bei mäßiger Hitze 1o Min. kochen lassen – Herdplatte ausschalten und 2o Min. nachquellen lassen
M	Petersilie und Parmesan unterheben
W	salzen

Polenta paßt wunderbar zu Gulasch oder Bohnengerichten, aber auch in Scheiben geschnitten und in Öl gebraten oder gegrillt mit Salat.

Gemüsestrudel mit Kräutersoße

Zutaten für den Strudelteig:

3oo g	*Mehl,*
3 EL	*Öl, Prise Salz und ca.*
3/8 l	*lauwarmem Wasser (je nach Bedarf) einen geschmeidigen Teig kneten, eine Kugel formen, diese einölen und zugedeckt mind. 1/2 Std. rasten lassen.*

Zutaten für die Fülle:

2oo g	*Zwiebel in dünne Scheiben schneiden*
5oo g	*grüne Bohnen in 1–2 cm Stücke schneiden*
5oo g	*Karfiol in kleine Röschen teilen*
5oo g	*Karotten grob raffeln*
	Meersalz, weißer Pfeffer, Muskatnuß und Öl zum Bestreichen
2oo g	*Erbsen*
2	*Eier*
5o g	*Dinkelmehl*
2oo g	*milder Ziegen- oder Schafkäse zerbröselt*
2 Bd.	*Schnittlauch in Röllchen schneiden*
2 Bd.	*Petersilie fein hacken*

F	heißer Topf
E	4 EL Öl erhitzen
M/E	Zwiebel glasig dünsten
E	Bohnen, Karfiol und Karotten dazugeben und etwas andünsten, bis das Gemüse etwas weich wird
E	Erbsen dazugeben, vom Feuer nehmen und
E	Eier unterrühren
M	Pfeffer, Muskatnuß, Schnittlauch und Petersilie unterheben
W	salzen
H	Dinkelmehl unterheben
F	Ziegen- oder Schafkäse unterheben

Den Strudelteig ausziehen, mit Öl bestreichen, Fülle darauf verteilen, einrollen und auf ein eingeöltes Backblech legen, mit Öl bestreichen und bei 2oo Grad 45 Min. goldbraun backen.

Zutaten für die Kräutersoße:

1	*Eigelb*
1 TL	*Senf*
1 EL	*Zitronensaft*
1/4 l	*Öl*
1 Becher	*Joghurt*
1/2 Bd.	*Schnittlauch in Röllchen schneiden*
1 Bd.	*Petersilie hacken*
1/2 Bd.	*Dill klein schneiden*
1 EL	*Kapern*
	Meersalz und weißer Pfeffer

E	Eigelb in einem Mixbecher verquirlen
M	Senf unterrühren
E	Öl langsam einrühren bis die Masse dick wird
M	Schnittlauch, Dill, Petersilie, Kapern und Pfeffer unterrühren
W	salzen
H	Zitronensaft und Joghurt unterrühren

Den Strudel portionieren und Kräutersoße dazu servieren.

Champignonstrudel mit Pilzsoße

Strudelteig wie bei Gemüsestrudel! (Seite 144)

Zutaten für die Fülle:

1,5 kg	*Champignon in Stücke schneiden*
1oo g	*Zwiebeln fein würfeln*
2 Bd.	*Petersilie fein hacken*
1oo g	*geräucherter, durchwachsener Speck klein gewürfelt*
8 Scheiben	*Weizentoastbrot zerbröseln*
1oo g	*Butterschmalz*
2oo g	*Joghurt vom Schaf*
2	*Eier*
	Meersalz, weißer Pfeffer,
	Semmelbrösel zum Bestreuen

F heißer Topf
E 5o g Butterschmalz erhitzen
M/E Zwiebel andünsten
E Speck dazugeben und anrösten
E Champignon dazugeben und offen 1o–12 Min. garen, Flüssigkeit muß verdampft sein
E vom Herd nehmen und Eier unterrühren
E Toastbrot unterheben
M pfeffern und Petersilie unterheben
W salzen
H Joghurt unterrühren und auskühlen lassen

Strudelteig auf einem Tuch ausziehen, mit restlichem Butterschmalz bestreichen, mit Bröseln bestreuen, Fülle darauf verteilen, einrollen und auf ein eingefettetes Backblech legen, mit Öl oder Eiermilch bestreichen und goldgelb backen, bei 2oo Grad etwa 35 Min.

Pilzsoße:

F 1/8 l kochendes Wasser
E 2o g getrocknete Steinpilze hineingeben
E 1/4 Schlagobers dazugeben und bei offenem Topf kochen lassen bis die Soße zur Hälfte eingedickt ist und dann mit dem Pürierstab pürieren
E 5o g Butter in Flocken mit dem Schneebesen unterrühren
M pfeffern
W salzen. Ist die Soße zu dick mit etwas
W Wasser verdünnen.

Zum portionierten Strudel servieren.

Champignonstrudel mit Tomatensoße

Strudelteig wie Gemüsestrudel! (Seite 144)

Zutaten Fülle:

1 kg	*Champignon blättrig geschnitten*
4o g	*Butterschmalz, Pfeffer, Öl*
75o g	*Spinat waschen und in einem Topf erhitzen und zusammenfallen lassen und abtropfen*
5o g	*Pinienkerne in einer Pfanne ohne Fett goldgelb rösten*
1oo g	*Käse reiben*
1	*Eigelb etwas Milch*

F	heißer Topf
E	Butterschmalz erhitzen
E	Champignon anbraten
E	Spinat dazugeben und die Pinienkerne
M	Käse und Pfeffer unterrühren
W	salzen und den Saft abgießen und aufheben!

Strudelteig auf einem Tuch ausziehen, mit Öl bestreichen und die Fülle auftragen – aufrollen und auf ein gefettetes Backblech legen, mit Ei – Milchgemisch einpinseln und bei 2oo Grad 45 Min. backen.

Zutaten Tomatensoße:

1 Dose	*geschälte Tomaten (8oo g) oder frische Tomaten klein hacken*
1	*Zwiebel fein hacken*
1	*Karotte fein raffeln*
1oo g	*Sellerie fein raffeln*
1	*Stange Lauch in Ringe schneiden*
1	*Knoblauchzehe fein reiben*
3 EL	*Olivenöl*
1 TL	*Zucker*
	Pfeffer und Meersalz

E	Olivenöl erhitzen
M/E	Zwiebel glasig dünsten
E	Karotte, Sellerie, Zucker und den Saft der Fülle unterheben
M	Lauch dazugeben, Knoblauch und Pfeffer unterrühren
W	salzen
H	Tomaten unterheben und ca. 2o Min bei offenem Topf köcheln

Erdäpfelstrudel

Strudelteig siehe Gemüsestrudel! (Seite 144)

Zutaten für Fülle:

1 kg	*mehlige Kartoffel, schälen, fein hobeln und in kaltes Wasser legen*
2	*Eier, etwas Milch*
2 große	*Zwiebeln nudelig schneiden und in Öl goldgelb rösten*
3 EL	*Sauerrahm*
4 EL	*Öl*
1oo g	*durchwachsener Speck klein gewürfelt*
1	*Knoblauchzehe fein gerieben*
	Meersalz und Pfeffer

E Kartoffel abseihen und ausdrücken und in eine Schüssel geben
E Zwiebel unterheben
E Eier – Milchgemisch unterrühren
E Speck unterheben
M mit Knoblauch und Pfeffer würzen
W salzen
H Sauerrahm unterrühren

Strudelteig auf einem Tuch ausziehen, mit Öl bestreichen, Fülle darauf verteilen, einrollen und auf ein gefettetes Backblech legen, mit Öl bestreichen und bei 2oo Grad ca. 5o Min. backen.

Hervorragend schmeckt dazu Krautsalat!

Gemüselasagne

Zutaten:

25o g	*Karotten in Stifte schneiden*
375 g	*Spargel grün oder Fisolen in ca. 6 cm lange Stücke schneiden*
3oo g	*Kohlrabi in Stifte schneiden*
25o g	*Hirsebandnudeln*
	Meersalz, 1 TL Öl, 1oo g Butter, 1 TL Zucker
15o g	*Erbsen*
3o g	*Mehl, weißer Pfeffer, Muskatnuß*
1/16 l	*Schlagobers,*
1 EL	*Zitronensaft*
1 gr. Bd.	*Kerbl*
1 1/2 Bd.	*Petersilie fein gehackt*
2 Scheiben	*Toastbrot zerbröseln*
15o g	*Schaf- oder Ziegenkäse*

Bandnudeln in Salzwasser kochen, 1 TL Öl unterrühren.
1/8 und 1/16 l Wasser mit 25 g Butter, 1 TL Zucker und Salz aufkochen, darin zuerst Karotten und Kohlrabi 6–8 Min. zugedeckt kochen, herausheben und in einen Durchschlag geben. (Wenn Fisolen, dann auch gleich mit den Karotten mitkochen.) Spargel ca. 5 Min. in der Flüssigkeit kochen, Erbsen ca. 1 Min. vor Schluß dazugeben.
Das Gemüse in einen Durchschlag schütten, Brühe auffangen.

F	heißer Topf
E	Butterschmalz erhitzen
E	Mehl einrühren
E	mit Gemüsebrühe und 1/16 l Wasser ablöschen, Obers dazugeben und 1–2 Min. durchkochen
M	Pfeffer und Muskat einrühren
W	salzen
H	Zitronensaft einrühren
F	Käse einrühren
E	Karotten und Spargel (Fisolen) und Erbsen dazugeben
M	Kohlrabi, Kerbel und Petersilie unterrühren

Eine Auflaufform ausfetten und abwechselnd Nudeln – Soße – Nudeln – Soße – Nudeln. Mit zerbröseltem Toastbrot bestreuen, mit der restlichen Butter in Flöckchen belegen und bei 22o Grad 45 Min. backen. 1o Min. vor Ende der Garzeit abdecken, falls die Oberfläche zu dunkel werden sollte.

Schwammerlsoße mit Vollkornnudeln

Zutaten:

2 kleine	*Zwiebeln fein hacken*
200 g	*Eierschwammerl*
2 EL	*Öl*
400 g	*Champignon blättrig schneiden*
2 EL	*Mehl*
1 Tasse	*Weißwein*
3/8 l	*Gemüsebrühe*
1 Tasse	*Sauerrahm*
	Meersalz, Pfeffer frisch gemahlen
1/2 Bd.	*Schnittlauch fein schneiden*
1/2 Bd.	*Petersilie fein hacken*
1/2 Bd.	*Kerbl fein schneiden*

F	heißer Topf
E	Öl erhitzen
M/E	Zwiebel glasig dünsten
E	Pilze dazugeben und andünsten mit
E	Mehl stauben und mit
E	Gemüsebrühe aufgießen
M	Weißwein zugießen und 15 Min. köcheln
M	mit Pfeffer, Schnittlauch, Petersilie und Kerbl würzen
W	salzen
H	Rahm unterheben

Zutaten für Vollkornnudeln:

Aus	*250 g*	*Dinkel- oder Weizenvollmehl oder besonders gut 2/3 Hirse- und 1/3 Weizenvollmehl,*
		Prise Rosmarien,
	2	*Eiern und*
	2 EL	*Olivenöl,*
		Muskatnuß, Salz und Wasser nach Bedarf einen festen Nudelteig kneten und mindestens
	30 Min.	*zugedeckt ruhen lassen.*

Den Teig so dünn als möglich ausrollen, in 4 gleich große Teile schneiden (der Länge nach) und aufeinanderlegen und ca. 1 cm breite Nudeln schneiden oder halbieren, der Länge nach aufrollen und die Nudeln wie Fridatten schneiden.
In Salzwasser kochen.

Eierschwammerlsoße mit Thymiannudeln

Zutaten:

1oo g	*Weizenvollmehl*
25o g	*Hirsemehl*
2 Bd.	*Thymian fein hacken (oder 2 TL getrockneten)*
2	*Eier, 2 Dotter, Meersalz*
1/16	*und 1/8 l Weißwein*
1	*Zwiebel fein hacken*
2	*Knoblauchzehen fein reiben*
6o g	*Butterschmalz*
1/4 l	*Gemüsebrühe*
2oo ml	*Sauerrahm*
25o g	*Eierschwammerl*
15o g	*Erbsen*
5o g	*Peccorino fein gerieben*
4o g	*Pinienkerne ohne Fett in einer Pfanne goldgelb rösten*
	Saft und Schale einer unbeh. Zitrone
	Pfeffer frisch gemahlen

Teig aus Weizenmehl:

Aus *1 Bd.* *Thymian,*
Hirsemehl,
Eiern und Dottern,
Wasser, Weißwein und Salz einen festen Nudelteig kneten und zugedeckt mind. 1/2 Std. rasten lassen.

Soße:

F	heißer Topf
E	Butterschmalz oder Öl erhitzen
M/E	Zwiebel glasig dünsten
M	Knoblauch dazugeben und kurz dünsten
E	Pilze zugeben und andünsten
E	Gemüsebrühe zugeben und bei offenem Topf 2o Min. garen
E	Erbsen dazugeben und kurz überkochen
M	mit Pfeffer würzen
W	salzen
H	Rahm, Zitronenschale und Zitronensaft unterrühren
F	den 2. Bd. Thymian unterrühren und kurz aufkochen
F	mit Peccorino abschmecken.

Nudeln in Salzwasser garkochen, abtropfen mit der Soße servieren und mit den Pinienkernen bestreuen.

Grüne Nudeln mit Parmesansoße

Zutaten:

125 g	*ganz fein pürierten Spinat*
250 g	*Gemisch von 60 % Hirse- und 40 % Weizenmehl*
1	*Ei, Prise Koriander*
1/2 TL	*Meersalz, 1–2 EL Olivenöl*
40 g	*Pinienkerne*
2 EL	*Sonnenblumenöl*
1/8 l	*Obers*
50 g	*geriebener Parmesan*
	Pfeffer frisch gemahlen

E Mehl auf eine Arbeitsfläche schütten mit
E Spinat, Ei und Öl vermischen
M Koriander dazugeben und
W salzen
zu einem festen Teig verkneten, wenn zu weich, noch etwas
H Weizenvollmehl unterkneten und 1/2 Std. zugedeckt rasten lassen.

Dann dünn ausrollen und 1/2 cm breite Nudeln schneiden und in Salzwasser weich kochen.

Soße:

E Pinienkerne im Mörser zerstoßen oder in der Moulinette zerkleinern, bis Öl austritt
E tropfenweise Öl einrühren, dann
E das Obers einrühren
M Parmesan und etwas geriebenen Pfeffer unterrühren und
W wenn nötig, etwas salzen.

Zu den Nudeln servieren (diese müssen ganz heiß sein, damit der Parmesan schmilzt).

Kohlrouladen mit Pinienkernen

Zutaten:

1	*Kohl, ca. 1 kg den Strunk herausschneiden und den ganzen Kohl in einem großen Topf mit kochendem Salzwasser legen und 15 Min. kochen. Kohl aus dem Wasser heben und nach und nach 8 Blätter lösen. Den restlichen Kohl beiseitelegen.*
1oo g	*Öl oder Butterschmalz*
75 g	*Vollreis*
1oo g	*Pinienkerne in einer Pfanne ohne Fett goldgelb rösten*
3o g	*Peccorino fein reiben*
5o g	*Gouda reiben*
1	*Ei*
1 EL	*Sauerrahm und Pfeffer frisch gemahlen*
1	*Zwiebel fein schneiden*

F	heißer Topf
E	Fett erhitzen
M/E	Zwiebel glasig dünsten
M	Reis zufügen
W	15o ccm Wasser zugießen und bei milder Hitze 2o Min. ausquellen lassen
W	salzen
H	Rahm unterrühren
F	Peccorino unterrühren
E	Ei und den restlichen Kohl, ca. 25o g fein schneiden und unterheben
E	5o g Pinienkerne unterheben
M	pfeffern
W	salzen

Die Mittelrippen von 6 Kohlblättern flach schneiden, die Fülle auf die Blätter verteilen, die Seite der Blätter über der Füllung zusammenklappen und aufrollen, mit Zahnstochern zusammenstecken.

In einer Pfanne Fett erhitzen, die Rouladen hineinsetzen und von beiden Seiten goldbraun anbraten. Etwas Wasser zugießen und 2o Min. zugedeckt schmoren.

Eine Auflaufform mit Fett ausstreichen, mit den verbliebenen 2 Kohlblättern auslegen, Kohlrouladen einschichten und mit Gouda bestreut unter dem Grill goldbraun backen.

Mit Pinienkernen bestreut servieren.

Der Aufwand lohnt sich!

Mangold-Kohl-Rollen mit Pilzen

Zutaten:

1o g	*getr. Steinpilze in 3/4 l lauwarmem Wasser einweichen*
1	*Zwiebel fein hacken*
6o g	*Butter*
15o g	*Maisgrieß, Meersalz*
4o g	*Kürbiskerne*
2	*Eier, 1 Eigelb*
8	*Mangoldblätter und*
8	*Kohlblätter in kochendes Salzwasser legen kurz blanchieren, abtropfen und trocken tupfen*
4oo g	*gemischte Pilze blättrig geschnitten*
1/8	*Obers*
1oo g	*Creme fraiche*
1 EL	*Senf, Pfeffer frisch gemahlen*
3 EL	*Schnittlauchröllchen*

F	heißer Topf
E	2o g Fett erhitzen
M/E	Zwiebel anschwitzen
E	Maisgrieß einrühren, anbraten und mit
E	1/2 l Steinpilzwasser aufgießen und zugedeckt bei milder Hitze 1o–15 Min. garen, dabei gelegentlich umrühren
E	nacheinander Eier, Eidotter und gehackte Kürbiskerne unterrühren und abkühlen lassen.
M	Prise Pfeffer unterrühren
W	salzen

Je ein Mangoldblatt und 1 Kohlblatt versetzt aufeinander legen und salzen. Grießfüllung daraufsetzen und aufrollen. Rollen zugedeckt im restlichen Steinpilzwasser garen ca. 15–2o Min. Rollen abtropfen lassen.

F	heißer Topf
E	Fett erhitzen
E	Pilze und Steinpilze dazugeben und zugedeckt 1o Min. dünsten
E	Obers und Creme fraiche mit dem Kochsud der Rollen unterrühren, aufkochen lassen und mit
M	Senf, Pfeffer und Schnittlauch würzen
W	salzen

Rollen auf einem Teller anrichten und Pilzsoße dazu reichen.

Kartoffelauflauf

Zutaten:

600 g	*Kartoffel mit 1 EL Kümmel in Salzwasser garen, schälen und in 1 cm dicke Scheiben schneiden*
2	*Zwiebeln in Scheiben schneiden*
250 g	*Karotten in feine Scheiben schneiden*
250 g	*Schwarzwurzeln in Stücke schneiden (oder Kohlrabi)*
150 g	*Erbsen*
250 g	*Topfen*
150 g	*Joghurt*
1	*Ei*
1 Bd.	*Schnittlauch fein geschnitten*
	Meersalz, Paprika, Majoran, Pfeffer, Muskat

H	Topfen in eine große Schüssel geben
H	Joghurt unterrühren
F	Prise Paprika unterrühren
E	Ei unterrühren
	Karotten
	Schwarzwurzeln
	Erbsen
	Kartoffel (würde man statt der Schwarzwurzeln Kohlrabi nehmen, kämen sie jetzt unter M dazu)
M	Zwiebel
	Schnittlauch
	Majoran
	Pfeffer
	Muskat unterrühren und
W	salzen

Die Masse in eine gefettete Auflaufform füllen und im vorgeheizten Rohr bei 200 Grad ca. 3/4 Stunde backen.

Dazu paßt Salat oder Kräutersoße.

Raffinierter Gemüseauflauf

Zutaten:

250 g	*Zucchini quer halbieren und längs in 5 mm dicke Scheiben schneiden, salzen und beiseite stellen*
250 g	*Auberginen quer halbieren*
250 g	*mehlige Kartoffel schälen, in dünne Scheiben schneiden, in Wasser legen*
250 g	*grüne Paprika in Streifen schneiden*
350 g	*Fleischtomaten grob würfeln*
45 g	*schwarze Oliven in Scheiben schneiden*
85 g	*Sellerie, fein hacken mitsamt dem Selleriegrün*
1 Bd.	*Frühlingszwiebel in Ringe schneiden*
2 Zehen	*Knoblauch fein reiben*
1/2 Bd.	*Petersilie fein hacken*
1/2 Bd.	*Basilikum fein hacken*
1/2 Bd.	*Oregano fein hacken*
100 g milden	*Schafkäse grob raffeln*
100 g	*mittelalter Gouda grob raffeln*
4 EL	*Olivenöl*
1,5 EL	*Tomatenmark*
50 g dünne	*Fadennudeln*
	Salz und Pfeffer frisch gemahlen

F	heißer Topf
E	Olivenöl erhitzen
E	Sellerie anbraten
M	Knoblauch und Frühlingszwiebel anbraten
M	pfeffern
W	salzen, ca. 1/16 l Wasser dazufügen
H	Tomaten und Tomatenmark ca. 30 Min. offen einkochen lassen
F	Oliven unterheben.

Eine Auflaufform mit Olivenöl auspinseln und darin 1/3 der Fadennudeln verteilen, Kartoffelscheiben (abgetropft) darauflegen, dann Auberginen ausdrücken und darüber legen, Paprikaschoten darauf verteilen, das nächste Drittel der Fadennudeln verteilen, 1/3 vom Käse darüberstreuen, die Hälfte der Kräuter darüberstreuen, Zucchinis ausdrücken und verteilen, das letzte Drittel der Nudeln darüber verteilen, ebenso die 2. Hälfte der Kräuter und ein weiteres Drittel vom Käse.

Das eingekochte Tomaten-Selleriegemüse daraufstreichen und mit dem restlichen Käse bestreuen.

Den Auflauf auf der 2. Einschubleiste 1 Stunde garen (die letzten 1o Min. mit Alu-Folie zudecken).
Nach dem Garen mit etwas Olivenöl bestreichen.

Auberginen-Kartoffelauflauf

Zutaten:

4oo g	*Kartoffel kochen und schälen und durch die Presse drücken*
8oo g	*Auberginen in 1 1/2 cm dicke Scheiben schneiden, beidseitig salzen und auf ein mit Olivenöl bestrichenes Backblech legen und 15 Min. bei 225 Grad backen (vorheizen)*
3 EL	*Olivenöl*
4oo g	*Zwiebel fein hacken*
6	*Knoblauchzehen fein reiben*
8oo g	*Tomaten würfeln*
1/2 Bd.	*Thymian,*
1/2 Bd.	*Oregano,*
1/2 Bd.	*Rosmarin oder je 1 TL getrocknete Kräuter*
	Pfeffer frisch gemahlen und Muskatnuß
4o g	*Mandeln hacken und in einer Pfanne ohne Fett goldgelb rösten*
1	*Ei*

F heißer Topf
E Olivenöl erhitzen
M/E Zwiebel glasig dünsten
M Knoblauch andünsten
W salzen
H Tomatenwürfel unterheben und mit
F Thymian, Oregano und Rosmarin würzen und
zu einer sämigen Soße kochen.

E die zerdrückten Kartoffel mit dem
E Eigelb verrühren und den Eischnee unterheben
M Pfeffer und Muskat unterrühren
W salzen

Eine feuerfeste Form ausfetten, den Boden mit der Hälfte der Auberginenscheiben belegen – darauf die Mandeln und die Tomatensoße geben, darauf die zweite Hälfte der Auberginen. Als letzte Schicht die Kartoffelmasse darüberstreichen und bei 2oo Grad ca. 4o Min. backen.

Bei Bluthochdruck nehmen Sie statt der Zwiebel Fenchelgemüse und verzichten Sie auf den Knoblauch, zumindest nehmen Sie nur 1 oder 2 Zehen.

Polentaauflauf

Zutaten:

225 g	*Butter oder Reformmargarine*
2oo g	*Polentagrieß*
1,5 kg	*Blattspinat waschen, verlesen und abtropfen*
2–3	*Knoblauchzehen fein gerieben*
	Pfeffer frisch gemahlen, Muskatnuß, Meersalz
175 g	*Zwiebel fein gehackt*
5oo g	*Fleischtomaten in Scheiben schneiden*
1oo g	*Gouda grob gerieben*

F	heißer Topf
E	Polenta anrösten und vom Feuer nehmen und
E	15o g Butter unterrühren
M	Knoblauch unterrühren und wieder auf die Kochplatte stellen
W	3/4 l Wasser dazugeben zum Kochen bringen und bei milder Hitze 25 Min. ausquellen lassen. Die Polenta zwischendurch immer wieder umrühren, damit sie nicht anbrennt.
M	Muskat und Pfeffer unterrühren
W	salzen

H	eine große, hohe Pfanne erhitzen
E	die restliche Butter schmelzen
M/E	Zwiebel glasig dünsten
E	Spinat zugeben und unter häufigem Wenden dünsten, bis er zusammengefallen ist, Wasser sollte verdampft sein.
M	mit Pfeffer und Muskatnuß würzen
W	salzen

Eine Auflaufform einfetten und zuerst die Polenta hineinstreichen, dann den Spinat daraufschichten und darauf die in Scheiben geschnittenen Tomaten legen, diese salzen und pfeffern und mit Käse bestreuen.
Im vorgeheizten Rohr bei 2oo Grad goldbraun backen.

Polentaauflauf mit Eierschwammerln

Zutaten:

1oo g	*Zwiebeln klein würfeln*
25o g	*Eierschwammerl waschen und putzen*
1/2 Bd.	*Petersilie fein hacken*
1oo g	*Gorgonzola zerbröseln*
3o g	*Parmesan fein reiben*
2oo g	*Maisgrieß*
	Meersalz, Pfeffer, Prise Koriander
1 TL	*Öl, 3o g Butterschmalz*
1	*Knoblauchzehe fein gerieben*
12 kleine	*Salbeiblätter*
6 frische	*Walnüsse*

F 85o ml kochendes Wasser
E Maisgrieß einrühren
M Koriander zugeben
W salzen und 5 Min. bei schwacher Hitze kochen lassen.
Vom Herd nehmen und zudecken.

F heißer Topf
E Butterschmalz erhitzen
M/E Zwiebel andünsten
E Pilze zugeben und bei starker Hitze 3 Min. braten
M Petersilie, Knoblauch und Pfeffer unterrühren
W salzen.

Eine flache Auflaufform mit Öl auspinseln, die Hälfte der Polenta hineinstreichen, die Pilze und 2/3 des Gorgonzola darüber verteilen und restlichen Polenta darübergeben.
Den restlichen Gorgonzola, Parmesan und Salbeiblätter auf der Oberfläche verteilen und bei 2oo Grad 25 Min. backen und dann noch 5 Min. übergrillen, mit den Nüssen belegen und 5 Min. ruhen lassen.

Dazu paßt Friseesalat, Endivien und Blattsalat.

Hirseauflauf mit Gemüse

Zutaten:

2 EL	*Öl oder Butterschmalz*
1	*Zwiebel klein geschnitten*
1 Stange	*Lauch in Ringe schneiden*
1 rote	*Paprikaschote in kleine Würfel schneiden*
2	*Karotten in Würfel schneiden*
1oo g	*Erbsen*
2oo g	*Hirse heiß und dann kalt abspülen und abtropfen lassen*
1/2 l	*Gemüsebrühe*
1 Bd.	*Petersilie fein gehackt*
1/2 Bd.	*Zitronenmelisse fein gehackt*
einige	*Blätter Löwenzahn fein gehackt*
2	*Eier*
1oo g	*Gouda gerieben*
	Meersalz, Pfeffer
1oo g	*Mozzarella in Scheiben schneiden*

F	heißer Topf
E	Fett erhitzen
M/E	Zwiebel glasig dünsten
E	Paprika
E	Karotten und
E	Erbsen andünsten
M	Lauch dazugeben und kurz andünsten
E	Hirse unterrühren und mit
E	Gemüsebrühe aufgießen und zugedeckt 2o Min. köcheln lassen, auf kleinster Stufe
	dann vom Feuer nehmen und
E	Eier unterrühren und den Gouda
M	Petersilie und Pfeffer unterheben
W	salzen
H	Zitronenmelisse unterheben
F	Löwenzahn untermischen

Die Masse in eine gefettete Auflaufform füllen, mit Mozzarella belegen und bei 2oo Grad ca. 4o Min. backen.

Mit Salat und – oder Soße servieren.

Quinoa-Risotto

Zutaten:

2 große	*Zwiebeln in feine Würfel schneiden*
2	*Knoblauchzehen fein reiben*
2 EL	*Sonnenblumenöl*
25o g	*Quinoa in einem Sieb abspülen und abtropfen lassen*
	Meersalz, Pfeffer frisch gemahlen, Prise Paprika, Spritzer Zitronensaft
25o g	*Erbsen*
je 1	*rote, gelbe und grüne Paprikaschote in Streifen schneiden*
1/2 l	*Gemüsebrühe*

F	heißer Topf
E	Öl erhitzen
M/E	Zwiebel glasig dünsten
M	Knoblauch andünsten
E	Quinoa dazugeben und 5 Min. anrösten
E	Erbsen und Paprikagemüse dazugeben und dann mit
E	Gemüsebrühe aufgießen und 2o Min. garen
M	Pfeffern
W	salzen
H	Spritzer Zitronensaft unterrühren
F	Prise Paprika unterrühren und ausquellen lassen.

Als kleines Abendessen gedacht oder sehr gut als Beilage zu Fleischgerichten geeignet

Geschnetzeltes mit Tofu

Zutaten:

25o g	*Tofu in Streifen schneiden und in*
1/2 l	*Gemüsebrühe 15 Min. köcheln, abtropfen lassen, in Vollmehl wenden und in Öl goldbraun braten*
2 EL	*Öl*
1	*Zwiebel fein hacken*
1 grüne	*Paprikaschote klein würfeln*
1oo g	*Champignon blättrig schneiden*
1 Tasse	*Weißwein*
1 Tasse	*Gemüsebrühe*
1 Becher	*Sauerrahm oder Schafjoghurt*
1 EL	*Maizena, Meersalz, Pfeffer frisch gemahlen, Muskatnuß*
1 EL	*Sojasoße*
5o g	*Peccorino*
1 Bd.	*Petersilie fein gehackt*

F	heißer Topf
E	Öl erhitzen
M/E	Zwiebel glasig dünsten
E	Paprika andünsten
E	Champignon andünsten
E	mit Gemüsebrühe aufgießen
M	Weißwein dazugeben und 1o Min. schmoren lassen
E	Tofu unterheben
M	mit Pfeffer und Muskat würzen
W	salzen und die Sojasoße unterrühren
H	Sauerrahm unterrühren
F	Peccorino unterrühren
E	angerührte Maizena unterrühren und kurz aufkochen
M	mit Petersilie bestreuen

Dazu passen Spätzle, Reis oder Vollkornnudeln.

Tafelspitz

mit Apfelkren, Schnittlauchsoße und Kartoffelschmarrn

Zutaten:

800–1000 g	*Tafelspitz*
einige	*Knochen blanchiert*
1	*Knoblauchzehe*
1 Bd.	*Suppengrün*
1	*Zwiebel, halbieren und an den Schnittflächen in Öl anbräunen*
2	*Lorbeerblätter, einige Pfefferkörner, Meersalz, Prise Zitronenschale, Beifuß*
	Schnittlauch zum Bestreuen klein schneiden

F in einem großen Topf Wasser zum Kochen bringen
E die blanchierten Knochen und den Tafelspitz einlegen
M Lorbeerblätter, Knoblauch und Pfefferkörner dazugeben
W salzen und 1/2 Std. köcheln
H Prise Zitronenschale dazugeben
F Beifuß dazugeben
E das Suppengrün einlegen
M die angeröstete Zwiebel und weitere 1,5 Std. leise köcheln.

Ich koche den Tafelspitz immer schon am Vortag, er zieht dann besser durch, beim Tranchieren gegen die Faser schneiden!

Apfelkren:

E 3 große Äpfel schälen, weich kochen und durch ein Sieb streichen oder pürieren
E mit Zucker abschmecken
M 3 EL Kren frisch gerieben unterrühren
W salzen
H mit Essig und Zitronensaft abschmecken

Schnittlauchsoße:

E 2 entrindete alte Semmeln in Milch einweichen und ausdrücken
E und im Mixer mit 2 gekochten und 2 rohen Eidottern und
1/4 l Sonnenblumenöl zu einer dicklichen Soße rühren
E Prise Zucker unterrühren
M Pfeffer unterrühren und
M 2 Bd. Schnittlauch kleingeschnitten unterheben
W salzen
H mit Essig abschmecken.

Kartoffelschmarrn:

E 1 kg gekochte Kartoffel grob zerdrücken und in
E Öl braten
M Zwiebel kleingeschnitten dazugeben und alles knusprig braten
W salzen

Marinierter Tofu

Zutaten:

2oo g	*Tofu in dünne Streifen schneiden*
	Meersalz, weißer Pfeffer Curry
2 EL	*Zitronensaft*
2 EL	*Sojasoße*
1	*Zwiebel fein gehackt*
4oo g	*Austernpilze etc.*
4 EL	*Olivenöl*
1 EL	*Hirse- oder Maismehl*
1oo g	*Sauerrahm*
3 EL	*Weißwein, sehr trocken*
	Muskatnuß und Cayennepfeffer

E Tofu in eine Schüssel geben
M pfeffern und mit Curry bestreuen
W salzen und mit Sojasoße würzen
H Zitronensaft dazugeben gut vermischen und 1/2 Std. marinieren

F heißer Topf
E die Hälfte des Öles erhitzen
M/E Zwiebel glasig dünsten
E Pilze blättrig schneiden und andünsten
E mit Mehl stauben
M mit Muskat und Pfeffer würzen
W salzen
H Weißwein und den Rahm unterrühren und
ca. 1o Min. köcheln lassen.

Tofu abtropfen lassen und im restlichen Öl von allen Seiten braten und anschließend unter die Soße heben.

Dazu servieren Sie Reis oder Nudeln, es paßt auch Polenta.

Eingemachtes Kalbfleisch

Zutaten:

5oo g	*Kalbfleisch*
3oo g	*Kalbsnieren beides dünnblättrig schneiden*
5o g	*Olivenöl oder Butterschmalz*
1oo g	*Zwiebel fein gehackt*
1oo g	*Champignon feinblättrig schneiden*
1 rohe	*Kartoffel ganz fein reiben*
1/8 l	*Weißwein*
1/8 l	*Obers oder Sojamilch*
	Prise Paprika, Meersalz und Pfeffer
1 TL	*Hefeflocken*

F heißer Topf
E Öl oder Butterschmalz erhitzen
E Kalbfleisch und Nieren schnell anbraten, dann herausnehmen und warm halten
M/E Zwiebel im verbliebenen Fett glasig dünsten
E Champignon dazugeben und rösten bis keine Flüssigkeit mehr vorhanden ist
E mit Obers oder Sojamilch ablöschen,
E Kartoffel dazugeben und mollig kochen
M Weißwein angießen und pfeffern
W salzen
H Hefeflocken unterheben
F mit Paprika würzen
E Fleisch unterheben und leicht durchkochen

ist die Soße zu dick, dann mit etwas

E Gemüsebrühe verlängern.

Dazu schmeckt Kartoffelrösti, Reis oder Nockerl.

Piccata auf Makkaroni

Zutaten:

600 g	*Kalbslungenbraten oder Kalbsnuß in 12 kleine Scheiben schneiden und flach drücken*
2	*Eier*
25 g	*Parmesan, Meersalz,*
	Olivenöl zum Braten
250 g	*Makkaroni in Salzwasser kochen*
2 große	*Fleischtomaten klein würfeln*
2 EL	*Tomatenmark*
	einen Schuß Weißwein
1/2	*Zwiebel fein hacken*
1	*Knoblauchzehe fein gerieben*
1 Tasse	*Gemüsebrühe*
	Zucker, Meersalz, Pfeffer, Oregano,
	Petersilie fein hacken, Basilikum

Soße:

F	heißer Topf
E	Öl erhitzen
M/E	Zwiebel glasig dünsten
M	Knoblauch kurz andünsten
E	mit etwas Mehl stauben
E	mit Gemüsebrühe aufgießen
M	mit Wein ablöschen
M	Basilikum, Petersilie, Pfeffer dazugeben
W	salzen
H	Tomaten und Tomatenmark dazugeben und mit
F	Oregano würzen und mit Prise Zucker abschmecken und 10 Min. köcheln lassen.

Fleischstücke salzen, in Mehl tauchen und im Eier-Parmesangemisch wenden und im heißen Öl braten. Auf den abgetropften Makkaroni anrichten, mit etwas Soße übergießen, die restliche Soße in einer Schüssel dazu servieren.

Hirsefrühstück

Zutaten:

300 g	*gekochte Hirse*
4 EL	*Topfen,*
	Prise Kakao, Honig nach Geschmack
100 g	*Obers oder Joghurt oder Sojamilch*
200 g	*Himbeeren oder Erdbeeren*

H Topfen in eine Schüssel geben
F Prise Kakao unterrühren
E Obers oder Sojamilch unterrühren
E Hirse und Honig unterrühren
E mit Himbeeren bestreut servieren.

Verbessern können Sie das Frühstück noch mit gerösteten Mandelblättchen, Pistazien und Pinienkernen etc.

Gerstenbrei zum Frühstück

E 8 EL Gerste grob geschrotet in 1/4 l Wasser über Nacht einweichen, abtropfen lassen und
E in 1/8 l Gemüsebrühe weich kochen
E 8 EL Obers oder Sojamilch unterrühren und mit
M feingehackter Petersilie oder Schnittlauch abschmecken
W salzen

Paprikaaufstrich

Zutaten:

1oo g	*Butter oder Alsan (Reformmargarine)*
4 EL	*Topfen oder Schafkäse*
1	*Tomate in ganz feine Würfel schneiden*
1/2	*grüne oder gelbe Paprika in feine Würfel schneiden*
1/2	*Zwiebel ganz fein hacken*
1 Bd.	*Kräuter (Basilikum, Thymian) fein gehackt*
	Meersalz und Pfeffer

H	Topfen in eine Schüssel geben
F	Thymian unterrühren
E	Butter oder Alsan unterrühren
E	Paprikaschote unterrühren
M	Zwiebel, Basilikum und Pfeffer unterrühren
W	salzen
H	Tomate unterheben

Pilzbutter

E	1oo g Butter schaumig rühren
E	3 große Champignon sehr fein hacken und unterrühren
M	1/2 Zwiebel ganz fein hacken und unterrühren
M	Dill, Petersilie und Pfeffer unterrühren
W	salzen und mit
H	etwas Zitronensaft abschmecken.

Hirseauflauf süß

Zutaten:

2oo g	*Hirse heiß und kalt abspülen*
1/4 l	*Wasser*
1/4 l	*Milch oder Sojamilch*
Schale	*von einer Zitrone,*
Prise	*Ingwer*
1	*Vanillezucker*
3 große	*Äpfel klein schneiden*
4 EL	*Honig oder Vollrohrzucker*
2	*Eier*
	Meersalz und Prise Kakao

F	kochendes Wasser
E	Hirse einkochen bis das Wasser aufgesogen ist
E	dann die Milch und den Vanillezucker dazugeben
M	Prise Ingwer unterrühren
W	leicht salzen
H	Zitronenschale und Äpfel unterheben
F	Prise Kakao unterrühren
E	Honig und Eigelb unterrühren
E	Eiklar steif schlagen und vorsichtig unterheben

Die Masse in eine gefettete Auflaufform füllen und bei 18o Grad ca. 45 Min. backen.

Orangen-Dattelsalat

Zutaten:

4	*Orangen (etwa 600 g) wie Äpfel schälen, sodaß die weiße Haut restlos entfernt ist und in Scheiben schneiden, Saft auffangen*
150 g	*frische Datteln, halbieren und den Kern entfernen*
300 g	*Mandelblättchen in einer Pfanne ohne Fett goldgelb rösten*
200 g	*Obers halbsteif schlagen*
2 EL	*Staubzucker*
2 EL	*Zitronensaft*
2 EL	*Orangenlikör*
3 EL	*Amaretto (Mandellikör)*

H Orangen in eine Schüssel geben
Zitronen- und aufgefangenen Orangensaft dazugeben
F Orangenlikör unterrühren
E Zucker unterrühren
E Datteln untermischen und ca. 3 Std. im Kühlschrank, oder noch besser über Nacht durchziehen lassen
E Schlagobers mit Amaretto mischen und auf dem Salat verteilen und mit
E den gerösteten Mandelblättchen bestreuen.

Rezeptteil

Herbst

*

Es ist die Vorbereitungszeit auf den Winter.
Es ist die Zeit, unser Immunsystem zu stärken,
um die Lunge vor Erkältung zu schützen.

*

18. 8. – 29. 10.

Gemüsesuppe mit Haferschrot

Zutaten:

2oo g	*Gemüse (Sellerie, Lauch und Karotten) in feine Streifen schneiden*
1	*Zwiebel fein hacken*
2 EL	*Öl kalt gepreßt*
4	*EL feines Haferschrot*
1 l	*Gemüsebrühe, Meersalz, Muskatnuß frisch gerieben, Majoran*
1/2 Bd.	*Petersilie, etwas Sojamilch (od. 6 EL Obers)*

F	heißer Topf
E	Öl erhitzen
M/E	Zwiebel andünsten
E	Sellerie und Karotten andünsten
M	Lauch andünsten
M	Haferschrot andünsten
E	mit Gemüsebrühe aufgießen, aufkochen und 5 Min. ausquellen lassen
E	Sojamilch oder Obers unterrühren
M	Majoran, Pfeffer und Muskat einrühren, nochmals aufkochen
M	Petersilie hineingeben
W	salzen

Kohlrabisuppe

Zutaten:

2	*mittelgroße Kohlrabi in kleine Streifen schneiden*
2 EL	*Öl*
1	*Zwiebel fein hacken*
1 Tasse	*Weißwein*
4	*reife Tomaten würfeln*
3/8 l	*Gemüsebrühe, Meersalz*
2oo g	*Champignon blättrig schneiden*
5o g	*gefüllte Oliven in Scheiben schneiden*
5o g	*gehackte Walnüsse in einer Pfanne goldgelb rösten*
1 Tasse	*Sojamilch, Milch oder Creme fraiche*
	Pfeffer, 1 TL Paprikapulver, 1 TL Curry,
	1 TL Oregano, Kresse

F	heißer Topf
E	Öl erhitzen
M/E	Zwiebel andünsten
M	Kohlrabi andünsten
M	mit Weißwein ablöschen
M	Pfeffer und Curry dazugeben
W	salzen
H	Tomatenwürfel dazugeben
F	Paprika und Oregano
E	Milch und Gemüsebrühe angießen und 1o Min. köcheln lassen
E	Champignon zugeben und nochmals 5 Min. köcheln lassen
F	Oliven in die Suppe geben
E	Walnüsse in die Suppe geben
M	Kresse zugeben und nochmals aufwallen lassen
W	salzen

Kartoffelsuppe

Zutaten:

4oo g	*Kartoffel schälen und in Würfel schneiden*
1	*Zwiebel fein hacken*
1 Stange	*Lauch in dünne Streifen schneiden*
1	*Petersilienwurzel fein hacken*
1	*Karotte grob raffeln*
2 EL	*Öl*
1 l	*Gemüsebrühe, Meersalz, Muskat frisch gerieben, Thymian, Estragon, Rosmarin und Majoran*
1/2 Bd.	*Petersilie fein gehackt*
3 EL	*grobes Haferschrot in einer Pfanne anrösten*
1oo ml	*Milch oder Sojamilch*
	Apfeldicksaft,
1 EL	*Hefeflocken*

F	heißer Topf
E	Öl erhitzen
M/E	Zwiebel glasig dünsten
	Karotten dazugeben und andünsten
M	Petersilienwurzel und Lauch dazugeben
E	Kartoffel zugeben und mit
E	Gemüsebrühe und Milch ablöschen
M	Haferschrot dazugeben
E	Estragon
M	Rosmarin, Muskat und Majoran einstreuen und 1o–15 Min. köcheln
W	salzen
H	1 EL Hefeflocken unterrühren
F	Thymian dazugeben und nochmals aufwallen lassen
E	Apfeldicksaft unterrühren
M	mit Petersilie bestreuen.

Zwiebelsuppe

für einen kühlen Herbsttag, aber nicht für Hitzetypen mit Leberfeuer oder Leute mit Qi-Stagnation.

Zutaten:

1 kg	*Zwiebel fein nudelig schneiden*
1 l	*Gemüsebrühe, besser ist Kalbsknochensuppe*
2–3	*Semmeln in dünne Blättchen schneiden und am Backblech unterm Grill bräunen*
200 g	*Emmentaler oder Gruyere fein reiben*
2	*Lorbeerblätter, Muskatnuß fein gerieben und Pfeffer frisch gemahlen*
1	*Gläschen Sherry (trocken)*
100 g	*Öl*

F	große, flache Pfanne erhitzen
E	Öl erhitzen
M/E	Zwiebel goldgelb rösten und abtropfen
E	und in 1 l Knochensuppe geben
M	Lorbeerblätter hinzufügen und 10 Min. köcheln lassen
E	Sherry hineingießen
M	pfeffern und Muskatnuß dazugeben
W	salzen

Die Suppe in feuerfeste Schalen füllen und
mit den Semmelscheiben belegen, Käse darüberstreuen und
unter dem Grill hellbraun überbacken.

Petersilienterrine

Zutaten:

4o g	*Petersilienblätter grob hacken*
1 kleine	*Zwiebel fein hacken*
1 EL	*Butterschmalz*
3oo g	*Schafjoghurt*
	Meersalz, Pfeffer, Muskatnuß frisch gerieben
7 Bl.	*Gelatine in kaltem Wasser einweichen*
Prise	*Paprika*
1/4	*Obers steif schlagen*
	Radieschen zum Garnieren

F	heißer Topf
E	Butterschmalz erhitzen
M/E	Zwiebel andünsten
M	Petersilie andünsten
M	Pfeffer und Muskatnuß dazugeben und vom Herd nehmen
W	salzen
H	Joghurt unterrühren
F	Prise Paprika unterrühren
E	die ausgedrückte und in einem Topf mit ein paar Eßlöffeln von der Soße erhitzte (aufgelöste) Gelatine unterrühren
E	das Schlagobers vorsichtig unterheben

Die Masse in eine eingeölte Form gießen und erstarren lassen (am besten im Kühlschrank). Auf eine Platte stürzen und mit Radieschenscheiben umlegen.

Zucchinisalat

Zutaten:

1/2 TL	*Kräutersalz,*
1 EL	*Senf,*
2 EL	*Balsamicoessig*
1 kleine	*Zwiebel fein gehackt*
1	*Knoblauch fein gerieben*
	einige Blätter Basilikum, Oregano,
	Pfeffer frisch gemahlen
3 EL	*Olivenöl kaltgepreßt*
2 große	*Zucchini blättrig schneiden und kurz über Dunst bißfest garen*
1/2	*rote Paprika in dünne Streifen schneiden*
	einige Radiccioblätter in Streifen schneiden

M	Senf in eine Schüssel geben
W	Kräutersalz unterrühren
H	Balsamicoessig einrühren
F	Oregano dazugeben
E	Olivenöl unterrühren
E	Paprikastreifen unterheben
M	Zwiebel und Knoblauch untermischen
E	Zucchini vorsichtig unterheben
M	Basilikum und Pfeffer untermischen

Mit Radicciostreifen garnieren.

Rettichsalat

Zutaten:

1	*großer weißer Rettich – in hauchdünne Scheiben schneiden*
1 Bd.	*Radieschen – in hauchdünne Scheiben schneiden*
1 rote	*Zwiebel in dünne Ringe schneiden*
1 Bd.	*Schnittlauch fein schneiden*
4 EL	*Öl kaltgepreßt, Meersalz, Prise Paprika Honig nach Geschmack, Pfeffer frisch gemahlen*
1 EL	*Kren frisch gerieben,*
1 EL	*Senf,*
2 EL	*Balsamicoessig*

M Senf in eine Schüssel geben
W salzen
H Balsamicoessig unterrühren, bis sich das Salz aufgelöst hat
F Prise Paprika unterrühren
E Öl unterrühren und mit
E Honig abschmecken
M Kren und Pfeffer unterrühren
M Zwiebel und Schnittlauch unterrühren
M Rettich und Radieschen unterheben und gut vermischen.

Kartoffelsalat mit Gurke

Zutaten:

800 g	*Kartoffel kochen und in Scheiben schneiden*
1 kleine	*Zwiebel fein hacken*
1	*Salatgurke in ganz dünne Scheiben hacheln*
2	*Radieschen in ganz dünne Scheiben hacheln*
1	*Tomate in Stückchen schneiden*
1 EL	*Senf,*
3 EL	*Balsamicoessig,*
4 EL	*Olivenöl*
100 ml	*heiße Gemüsebrühe,*
	Kräutersalz, Pfeffer frisch gemahlen, Prise Paprika
1 Bd.	*frische Kräuter (Schnittlauch, Petersilie, Kresse, Borretsch od. Liebstöckl etc.)*

Die Kartoffel, die Gurke, Tomate und Radieschen in eine Schüssel geben und mit nachstehender Marinade vermischen:

E	heiße Gemüsebrühe in eine Schüssel geben
M	Senf einrühren und die Zwiebel
M	pfeffern
W	Kräutersalz einrühren
H	Balsamicoessig einrühren
F	Prise Paprika dazu
E	Olivenöl einrühren
M	frische Kräuter unterheben

Linsen-Reis-Salat

Zutaten:

25o g	*gekochter Reis (ca. 1oo g Rohprodukt)*
2oo g	*gekochte Linsen (ca. 1oo g Rohprodukt)*
1 Bd.	*Frühlingszwiebel in Streifen schneiden*
1 Bd.	*Radieschen in kleine Würfel schneiden*
4	*Tomaten entkernen und in Würfel schneiden.*
2	*Äpfel in Würfel schneiden*
2 Kästchen	*Kresse*
6 EL	*Balsamicoessig,*
1/2 Tasse	*Gemüsebrühe*
4 EL	*Olivenöl kaltgepreßt*
	Meersalz, Pfeffer frisch gemahlen, Prise Zucker oder Honig Saft von 1 Zitrone
Spritzer	*Worcestershiresoße*

Alle Zutaten für den Salat in eine Schüssel geben und mit nachstehendem Dressing vermischen:

E	Gemüsebrühe in eine Schüssel geben und mit
E	Öl und Honig verrühren
M	Pfeffer und Worcestersoße unterrühren
W	salzen
H	Zitronensaft und Balsamicoessig unterrühren

Den Salat am besten im Kühlschrank 1 Std. durchziehen lassen.

Bei Milz-Qi Schwäche keinen Zitronensaft – ersetzen Sie ihn einfach durch Balsamicoessig.

Selleriesalat

Zutaten:

1 B.	*Schafjoghurt*
2 EL	*Zitronensaft oder Balsamicoessig*
1 TL	*Liebstöckl,*
1/2 TL	*Majoran,*
Prise	*Rosmarin*
1	*Messersp. Piment gemahlen, Meersalz*
4 EL	*Olivenöl kaltgepreßt etc.*
1 Stange	*Lauch (die dunkelgrünen Blätter entfernen) in ganz feine Streifen schneiden*
300 g	*Sellerie fein reiben*
2	*Karotten fein reiben*
1 Bd.	*Petersilie fein hacken*

H Joghurt in eine Schüssel geben
H Balsamicoessig unterrühren
F Prise Rosmarin unterrühren
E Öl unterrühren
M Liebstöckl, Majoran und Piment unterrühren
E Karotten und Sellerie unterheben
M Lauch und Petersilie unterheben
W mit Salz abschmecken

Marinierter Karottensalat

Zutaten:

5oo g	*Karotten schälen, über Dampf bißfest dünsten, in Scheiben schneiden*
1 kl.	*Staude Stangensellerie in feine Scheiben schneiden*
1	*Zwiebel in feine Streifen schneiden*
5o g	*Knollensellerie in feine Streifen schneiden*
1	*Knoblauchzehe fein reiben*
2	*Lorbeerblätter,*
1 TL	*weiße Pfefferkörner*
6 EL	*Olivenöl,*
6 EL	*Balsamicoessig,*
1 EL	*Honig*
	Oregano und Majoran, Meersalz
4 EL	*Pinienkerne in einer Pfanne ohne Fett rösten*

F	heißer Topf
E	Olivenöl erhitzen
M/E	Zwiebel andünsten
M	Knoblauch, Lorbeerblätter und Pfefferkörner unterrühren
E	Sellerie dazugeben und kurz durchschmoren
E	Honig und die gegarten Karotten unterrühren vom Herd nehmen
M	Majoran unterrühren
W	salzen
H	Balsamicoessig unterrühren
F	Oregano unterheben, alles nochmals gut vermischen

und über Nacht durchziehen lassen.

Vor dem Servieren mit den Pinienkernen bestreuen.

Ist als Salat oder kleine Vorspeise mit Fladenbrot gedacht.

Lauwarmer Endiviensalat

Zutaten:

1 Kopf	*Endivien- oder Friseesalat in Streifen schneiden*
8	*mittlere Kartoffel kochen und in Scheiben schneiden*
2 kleine	*Zwiebeln fein hacken*
6 EL	*Olivenöl*
1 Bd.	*Schnittlauch fein schneiden*
4 EL	*Balsamicoessig*
1 EL	*Apfeldicksaft oder Honig*
2 EL	*Sojasauce,*
3 EL	*Hefeflocken,*
2 EL	*Senf,*
	Meersalz und Pfeffer frisch gemahlen

Endiviensalat und Kartoffel in einer Schüssel vermischen und mit nachstehender Marinade anmachen:

E	Olivenöl in eine Schüssel geben
E	Honig unterrühren
M	Senf einrühren
M	Zwiebel, Schnittlauch und Pfeffer unterrühren
W	Sojasauce und Salz unterrühren
H	Balsamicoessig und Hefeflocken einrühren

Chinakohlsalat

Zutaten:

1 kg	*Chinakohl in Streifen schneiden*
2 EL	*Sojaöl,*
2 EL	*Sesamöl*
4 EL	*Reisweinessig oder Balsamicoessig*
4 EL	*Sojasauce Ketjap Manis*
1/2 TL	*Sambal Oelek*
2 EL	*Honig*
1/2 TL	*Meersalz*

Das Öl in einer großen Pfanne oder Wok erhitzen und
den Chinakohl 3 Min. pfannenrühren und mit nachfolgender
Marinade vermengen:

E	Honig mit
M	Sambal Oelek verrühren
W	Sojasauce unterrühren
W	salzen
H	Balsamicoessig unterrühren

Kann lauwarm oder auch kalt serviert werden.

Chinakohl süßsauer

Zutaten:

75o g	*Chinakohl in breite Streifen schneiden*
3 EL	*Pflanzenöl, Meersalz*
1/4 TL	*Chili, Prise Paprika*
1 EL	*fermentierte schwarze Bohnen*
2 EL	*helle Sojasauce, 2 EL Balsamicoessig 2 TL Honig*
1 EL	*Sesamöl*

F	heißer Wok oder Pfanne
E	Öl erhitzen
E	Chinakohl kurz pfannenrühren
E	Honig unterrühren
M	Chili unterrühren
W	Sojabohnen unterrühren und kurz erhitzen
W	Sojasauce untermischen und ev. salzen
H	Balsamicoessig unterrühren
F	Prise Paprika unterheben, vom Herd nehmen in eine Schüssel füllen und mit
E	frischem Sesamöl abschmecken

Weißer Rettich aus dem Wok

Zutaten:

500 g	*weißer Rettich geschält, der Länge nach halbieren und in ca. 3 mm starke Halbmonde schneiden*
400 g	*Karotten in dünne Scheiben schneiden*
2	*Frühlingszwiebeln fein schneiden*
	Meersalz
3 EL	*Sesamöl, Sojasauce nach Geschmack*

F heißer Wok
E Sesamöl erhitzen
E Karotten andünsten ca. 2–3 Minuten
M weißen Rettich und Zwiebeln anbraten
W salzen und nach Geschmack mit
W Sojasoße vermengen

Dazu paßt sehr gut Reis (Kältetypen sollten ein Stück frischen Ingwer mit dem Reis mitkochen, das ist besser für die Nieren).

Gerösteter weißer Rettich

Zutaten:

1 großer	*weißer Rettich (etwa 5oo g) schälen, längs halbieren und in ca. 3 mm dicke Scheiben schneiden*
3 EL	*Sesamöl, Meersalz*
1/2 TL	*Zwiebelsamen*
1/4 TL	*Paprika*
1/4 TL	*Kurkumapulver,*
1 TL	*Honig*

F heißer Wok
E Sesamöl erhitzen
F Paprika und Kurkuma etwas andünsten
E Honig einrühren
M Rettich hineingeben und andünsten
M Zwiebelsamen dazugeben und 25 Min. schmoren lassen
W salzen.

Dazu servieren Sie Chapati und Schafjoghurt mit Chili

Chapati:

2oo g	*Chapatimehl (= halb Weiß- und halb Vollmehl vermischt) mit*
2 EL	*flüssigem Butterschmalz*
1/2 TL	*Salz und ca. 11o ml Wasser vermischen und einen geschmeidigen Teig kneten (ca. 1o Min. lang). Diesen mit einem feuchten Tuch abdecken und 2o Min. ruhen lassen.*
8	*gleichgroße Kugerl formen, diese zu dünnen, runden Fladen ausrollen. Eine gußeiserne Pfanne erhitzen und die Fladen darin von jeder Seite 1 Min. backen. In einem Topf mit Deckel legen und warm halten (werden sonst sehr schnell trocken)*
1	*Becher Joghurt mit Prise Chili und Prise Meersalz verrühren.*

Stampfkartoffeln mit Lauch und Kabeljaufilet

Zutaten:

25o g	*Lauch in 1 cm dicke Ringe schneiden*
1 kg	*Kartoffel kochen und mit dem Kartoffelstampfer zerdrücken*
1/4 l	*Milch (Sojamilch) mit 3o g Butter erhitzen und unter die Kartoffelmasse mengen*
5o g	*Butterschmalz*
5o g	*Hafermehl, Prise Paprika, Estragon*
2	*verquirlte Eier*
1	*Zitrone, Meersalz, Pfeffer, neutrales Öl zum Braten*
3o g	*Pinienkerne ohne Fett in einer Pfanne goldgelb rösten*
4	*Kabeljaufilets je ca. 15o g*

F heißer Topf
E Butterschmalz erhitzen
M Lauch andünsten
E Kartoffel-Milchgemisch unterheben
M pfeffern
W salzen

W Kabeljaufilet salzen
H mit Zitronensaft betreufeln, etwas marinieren lassen
F mit etwas Paprika würzen
E mit Estragon bestreuen
M in Hafermehl wenden
E in Ei wenden und im
E heißen Öl braten

Vor dem Servieren Pinienkerne über die Lauch-Kartoffelmasse streuen.

Parmesanknöderl auf Tomatensoße

Zutaten:

125 g	*Butter*
125 g	*Reis- und Hafermehl-Gemisch,*
1 EL	*Hefeflocken*
4	*Eier, Meersalz, Zucker, Prise Thymian*
1 Bd.	*Basilikum in feine Streifen schneiden*
125 g	*Parmesan frisch gerieben*
1,5 kg	*Fleischtomaten entkernen, das Fleisch klein würfeln*
2 kleine	*Chilischoten oder 1/4 TL Chilipulver, Schoten entkernen und ganz klein würfeln*
100 ml	*Olivenöl kaltgepreßt*

Soße:

F heißer Topf
E Olivenöl erhitzen
M Chili andünsten
W salzen
H Tomatenwürfel dazugeben und bei milder Hitze ca. 40 Min. bei offenem Topf köcheln lassen
F Thymian dazugeben und nochmals durchkochen
E mit Zucker oder Honig abschmecken

Knödel:

F 1/4 l kochendes Wasser
E Butter einrühren, Prise Zucker oder Honig zugeben
M Reis-Hafermehl mit einem Schneebesen einrühren
W salzen und so lange rühren, bis sich ein Kloß gebildet hat.
H Hefeflocken unterrühren
F Thymian unterrühren und vom Feuer nehmen
E ein Ei nach dem anderen unterrühren
M Basilikumstreifen und Parmesan unterrühren.

Mit einem Eßlöffel Knöderl abstechen und diese in Salzwasser ca. 15 Min. garen. Mit der Tomatensoße servieren.

Tip: Tomaten entkernt man am besten, indem man die Tomaten quer in zwei Hälften teilt und dann mit der Hand die Kerne her ausdrücken.

Chinapfanne (für ca. 6 Personen)

Zutaten:

1 kg	*Lauch in dünne Streifen schneiden*
5oo g	*Karotten in Streifen schneiden oder grob raffeln*
6oo g	*Putenfleisch in schmale Streifen schneiden*
2	*Knoblauchzehen fein reiben*
2 EL	*Zitronensaft*
3 TL	*Curry*
4 EL	*Sojasauce,*
1o EL	*Sesamöl,*
	Meersalz
1 EL	*Honig oder Rohrzucker*
75 g	*Cashewkerne oder Mandeln, oder Pinienkerne in einer Pfanne ohne Fett goldgelb rösten*

F	heißer Wok oder große Pfanne
E	Seamöl erhitzen
M	Putenstreifen portionsweise braten (immer wieder an den Rand schieben)
E	Karottenstreifen andünsten, Zucker dazugeben
M	Lauchstreifen dazugeben und kurz anrösten (ca. 3 Min. pfannenrühren)
M	Mandeln unterrühren
M	Knoblauch unterrühren
M	Curry unterrühren
W	mit Sojasoße und Meersalz abschmecken
H	Zitronensaft unterrühren und alles gut durchmischen

Dazu paßt bestens Reis. Haben Sie schon mal den herrlichen Basmatireis (wenn, dann beste Qualität – es gibt da große Unterschiede) probiert? Eine Köstlichkeit, die Sie sich nicht entgehen lassen sollten.

Aber im Herbst oder besonders im Winter immer ein Stück frischen Ingwer mitkochen, sonst wird der Reis thermisch zu kalt für die Nieren.

Umgarnte Kartoffeln (reicht für 4–6 Personen)

Zutaten:

5 Bd.	*Basilikum ganz fein hacken*
1oo g	*Pinienkerne im Mörser zerstoßen*
1–2	*Knoblauchzehen fein reiben*
15o ml	*Olivenöl*
5o g	*Parmesan frisch gerieben*
3 EL	*Obers*
2oo g	*dünne Fisolen, halbieren und in Salzwasser garen*
4oo g	*Kartoffel schälen und in nicht zu dünne Scheiben schneiden*
5oo g	*Spaghetti,*
	Pfeffer frisch gemahlen

Die Kartoffel in einen großen Topf geben und in Salzwasser 4 Min. kochen, dann die Spaghetti dazugeben und alles zusammen 1o Min. kochen lassen.

Inzwischen das Pesto zubereiten:

E	Pinienkerne in einen Mixbecher geben
E	nach und nach das Öl unterrühren
M	Knoblauch unterrühren
M	Basilikum unterrühren
E	das Obers unterrühren
M	Parmesan und Pfeffer unterrühren, ergibt eine cremige Paste und zum Schluß,
W	wenn die Spaghetti fertig gekocht sind, 4 EL vom Kochwasser unterrühren.

Spaghetti und Kartoffel abgießen und abtropfen lassen, sofort mit den abgetropften Bohnen vermischen, in eine vorgewärmte Schüssel geben und das Pesto unterheben.

Sofort servieren!

Dillrahmkartoffeln

Zutaten:

500 g	*kleine Kartoffel kochen und in Stücke oder Scheiben schneiden*
150 g	*Zwiebel sehr fein hacken*
1	*Salatgurke schälen, halbieren, mit einem Löffel die Kerne herausschälen und dann quer in fingerdicke Stücke schneiden*
80 g	*Butterschmalz oder Öl, Prise Zucker oder Honig, Prise Thymian*
40 g	*Hafermehl,*
1 EL	*Hefeflocken*
500 ml	*Gemüse- oder Knochenbrühe*
100 g	*Schafjoghurt oder Creme fraiche*
	Meersalz, weißer Pfeffer
100 g	*Gewürzgurken in dünne Scheiben schneiden*
2 Bd.	*Dill fein schneiden*

F	heißer Topf
E	Butterschmalz oder Öl erhitzen
M/E	Zwiebel glasig dünsten
E	Salatgurkenstücke glasig dünsten
M	Hafermehl darüberstauben und anschwitzen
E	Gemüsebrühe angießen und aufkochen lassen
E	zuckern oder Honig zugeben
M	pfeffern
W	salzen und zugedeckt bei milder Hitze 15 Min. köcheln lassen
H	Hefeflocken und die Gewürzgurken unterrühren
F	Thymian unterrühren
E	Kartoffel untermischen
M	Dill unterrühren
W	etwas salzen
H	Joghurt oder Creme fraiche unterrühren und nochmals erhitzen. Vom Feuer nehmen und 5 Min. durchziehen lassen.

Paßt hervorragend zu Fisch naturgebraten.

Gemüsekoteletts

Zutaten:

400 g	*Kartoffel schälen, in 2 cm Würfel schneiden*
150 g	*Karotten in 2 cm Würfel schneiden*
150 g	*rote Rüben in 2 cm Würfel schneiden*
50 g	*Kraut fein schneiden*
2	*mittelgroße Zwiebeln fein schneiden*
3 EL	*Butterschmalz*
1/4 TL	*Chili,*
1 TL	*Paprika,*
1 TL	*Kreuzkümmel*
1–2	*Eier,*
	Meersalz
150 g	*Semmelbrösel,*
1 EL	*Hefeflocken*
1/2 l	*Öl zum Fritieren*

Kartoffel, Karotten und rote Rüben mit einem Einsatz über Wasserdampf garen und anschließend durch eine Kartoffelpresse drücken.

F	heißer Topf
E	Butterschmalz erhitzen
M/E	Zwiebel anrösten
E	Kraut hinzufügen, 10 Min. schmoren und vom Herd nehmen
E	das durchgepreßte Gemüse unterrühren
M	Chili und Kreuzkümmel untermischen
W	salzen
H	Hefeflocken untermischen
F	Paprika untermischen
E	ev. mit Semmelbröseln den Teig festigen

Aus dem Teig 12 flache, kleine Koteletts formen,
zuerst in verquirltem Ei, dann in Brösel wenden und
in Öl beiderseits 5 Min. braten.

Dazu reichen Sie Salat und Joghurtsauce:
200 g Schafjoghurt, Prise Chili und Kreuzkümmel, Meersalz

Ravioli auf Gemüsebett

Zutaten:

24o g	*feines Hafervollmehl*
2	*Eier, 2 Eigelb,*
2–3 EL	*Wasser*
2 EL	*Olivenöl kaltgepreßt, Meersalz*
4	*Schalotten fein gehackt*
2oo g	*Kohl fein schneiden*
15o g	*Lauch fein schneiden*
8o g	*Butterschmalz, Pfeffer frisch gemahlen, 1 Eiweiß*
2oo g	*Obers,*
2oo g	*Weißwein,*
1 TL	*Mehl,*
1 TL	*Butter, Meersalz*
1/2 Bd.	*Petersilie fein gehackt,*
2 kl.	*Zwiebeln fein gehackt*
	Pfeffer, Knoblauch fein reiben,
2oo g	*Zucchini würfeln*
4oo g	*Champignon blättrig schneiden,*
4	*Tomaten würfeln*

Teig:

E	Eier und Eigelb und Olivenöl vermischen
M	Hafermehl unterrühren und mit
W	Wasser und Meersalz zu einem festen Teig kneten und 3o Min. ruhen lassen.

Fülle:

E	Butterschmalz erhitzen
M/E	Schalotten glasig dünsten
E	Kohl dazugeben
M	Lauch dazugeben und alles zusammen 1o Min. dünsten
M	pfeffern
W	salzen, vom Feuer nehmen, abkühlen lassen und die beim Dünsten entstandene Flüssigkeit abgießen und für die Soße aufheben.

Den Teig auf einer bemehlten Arbeitsfläche dünn ausrollen, Kreise von einem Durchmesser von 1o cm ausstechen, die Ränder mit Eiweiß bestreichen und mit der Kohl-Lauchmasse füllen. Zusammenklappen und andrücken, am besten mit einer Gabel, das ergibt noch dazu ein hübsches Muster – die Gabel immer wieder in Mehl tauchen, damit sie am Teig nicht festklebt.

Die Ravioli in Salzwasser gar kochen – portionsweise!

Gemüse:

E Butterschmalz erhitzen
M/E Zwiebel andünsten
E Zucchini und Champignon andünsten (bei offenem Topf, damit möglichst viel Flüssigkeit verdampft) bis das Gemüse gar ist
M Knoblauch dazugeben und pfeffern
W salzen
H Tomatenwürfel dazugeben und kurz aufkochen

Soße:

E Gemüseflüssigkeit von der Fülle erhitzen
E Obers dazugießen
M Weißwein dazugeben und leicht einkochen lassen
E Butter und Mehl zu einem Knöderl verkneten und in die Soße einkochen
M Petersilie unterrühren
W salzen.

Serviervorschlag:

Auf einem Teller das Gemüse anrichten (Bett), die Ravioli darauf verteilen und mit der Soße übergießen

Das Ergebnis ist so köstlich, daß Sie den Aufwand nicht bereuen werden!

Kartoffeltopf mit Rettich

Zutaten:

600 g	*Kartoffel schälen und in dünne Scheiben schneiden*
1	*Zwiebel fein hacken*
1	*Knoblauchzehe fein reiben*
2 EL	*Olivenöl,*
1 EL	*Hefeflocken*
1 l	*Gemüse- oder Knochenbrühe*
	Majoran und Thymian,
1 TL	*Paprika*
1 TL	*Curry, Meersalz, Pfeffer frisch gemahlen*
1 Stange	*Lauch in ganz dünne Streifen schneiden*
2	*grüne Paprika in ganz dünne Streifen schneiden*
1	*weißer Rettich in hauchdünne Scheiben schneiden*
3	*Tomaten in Stücke schneiden*

F	heißer Topf
E	Olivenöl erhitzen
M/E	Zwiebel glasig dünsten
M	Knoblauch andünsten
E	Kartoffelscheiben dazugeben, kurz anbraten und mit
E	Gemüsebrühe aufgießen
M	mit Majoran und Pfeffer würzen
W	salzen
H	Hefeflocken unterheben und 10 Min. kochen
F	Thymian und Curry einstreuen, sowie Paprika
E	Paprikastreifen unterrühren
M	Lauchstreifen und Rettichscheiben dazugeben
W	salzen
H	Tomaten dazugeben und nochmals 10 Min. dünsten.

Haferpalatschinken

Zutaten:

1/2 l	*Milch oder Sojamilch oder Mineralwasser*
100 g	*feines Hafermehl, 1 EL Hefeflocken*
1 kg	*Blattspinat in Butter 5 Min. dünsten und dann abtropfen lassen*
80 g	*Butterschmalz, Prise Paprika*
50 g	*Haferflocken in einer Pfanne ohne Fett hellgelb rösten*
4	*Eier, Öl zum Ausbacken*
2 Bd.	*Dill fein schneiden*
300 g	*Mozzarella in Würfel schneiden*
100 g	*Schafjoghurt oder Creme fraiche*

E	Milch in einen Topf geben (wenn Sie Mineralwasser nehmen, müssen Sie mit dem Element W beginnen)
M	Hafermehl unterrühren
W	salzen
H	Hefeflocken unterrühren
F	Prise Paprika unterrühren und eine halbe Stunde quellen lassen.
E	Dann Eier unterschlagen
M	und die Haferflocken unterrühren

und in Öl nacheinander 5–6 Palatschinken backen.
Joghurt oder Creme fraiche mit etwas Dill und Mozzarella vermischen Die Palatschinken in einer ofenfesten Form übereinanderschichten:

1 Palatschinke darauf Spinat verteilen, mit Mozzarella und Dill bestreuen – die nächste Palatschinke darauf legen und wieder mit Spinat belegen – Mozzarella ... usw. Zum Schluß mit einer Palatschinke abdecken, mit der Joghurtmischung übergießen und im Rohr bei 200 Grad 20 Min. überbacken.

Haferlaibchen auf Maisgemüse

Zutaten:

1	*Zwiebel fein hacken*
1 Stg.	*Lauch in Ringe schneiden*
1 EL	*Hefeflocken*
1/2 l	*Gemüse- oder Knochenbrühe*
2 EL	*Öl, Meersalz, 1 TL Thymian*
1EL	*Majoran, 3 Eier, 2 EL Senf,*
1 TL	*grüne, eingelegte Pfefferkörner*
16o g	*Haferflocken*
1 Bd.	*Schnittlauch fein schneiden*
	Semmelbrösel zum Binden,
	Olivenöl zum Braten

1 rote	*Paprikaschote klein würfeln*
25o g	*Zuckermaiskörner (oder Dose)*
2 EL	*Olivenöl,*
4 EL	*Tomatenmark,*
1 Tasse	*Gemüsebrühe*
1	*Zwiebel fein hacken,*
1 Tasse	*Schafjoghurt*
1 TL	*Curry,*
1 TL	*Paprika,*
	einige Tropfen Tabasko,
2 EL	*Honig*

Haferlaibchen:

E Öl erhitzen
M/E Zwiebel glasig dünsten
M Lauch andünsten
E Gemüsebrühe angießen
M Majoran einrühren
M Haferflocken einkochen
W salzen
H Hefeflocken einrühren
F Thymian dazugeben und bei mittlerer Hitze 3o Min. ausquellen und dann auskühlen lassen
E Eier untermischen
M Senf einrühren
E mit Semmelbröseln binden
M Pfefferkörner und Schnittlauch unterarbeiten und etwas stehen lassen

Von der Masse kleine, flache Laibchen formen und in Olivenöl backen.

Tip: Gesünder wäre, die Laibchen auf einem Blech im Rohr zu backen und vor dem Servieren mit frischer Butter einstreichen.

Maisgemüse:

E Öl erhitzen
M/E Zwiebel glasig dünsten
E Paprika und Mais dazugeben und durchrösten
E mit Gemüsebrühe aufgießen und weich kochen
M Curry und Tabasco dazugeben
W salzen
H Joghurt unterrühren und Tomatenmark
F Paprikapulver einrühren, nochmals durchkochen und mit
E Honig abschmecken.

Haferkoteletts

Zutaten:

2oo g	*grobes Haferschrot*
15o ml	*Milch*
2	*Zwiebeln fein hacken*
3oo g	*Blattspinat*
2 EL	*Olivenöl*
2	*Eigelb*
5o g	*Schaftopfen*
	Meersalz, Koriander gemahlen,
	Fenchel gemahlen,
	Liebstöckl,
2	*Eiweiß,*
	Prise Paprika

Die Milch erwärmen (nicht kochen) – das Haferschrot einstreuen und ausquellen lassen.

F	heißer Topf
E	Olivenöl erhitzen
M/E	Zwiebel glasig dünsten
E	Spinat dazugeben und zusammenfallen lassen
E	Eigelb unterziehen und mit Fenchel würzen
M	Hafermasse unterheben
M	Koriander und Liebstöckl unterheben
W	salzen
H	Topfen unterheben
F	Prise Paprika unterrühren
E	das steifgeschlagene Eiweiß vorsichtig unterheben

Koteletts formen und in Olivenöl braten, oder im Backofen ohne Fett und dann mit frischer Butter einstreichen.

Dazu schmeckt Salat oder neutrales Gemüse.

Gemüse-Pilaw

Zutaten:

25o g	*Langkornreis*
1/4 TL	*Safranpulver, Meersalz*
1	*Zwiebel fein hacken*
1	*rote Paprikaschote in feine Würfel schneiden*
1/4 TL	*Chili*
2oog	*Karotten fein würfeln*
3oo g	*Blattspinat in einem heißen Topf dünsten bis er zusammenfällt, abtropfen lassen und grob hacken*
5o g	*Korinthen in warmen Wasser einweichen*
5o g	*Mandelstifte in einer Pfanne ohne Fett goldgelb rösten*
5o g	*Öl oder Butterschmalz, Prise Cayennepfeffer*
1oo ml	*Gemüse- oder Knochenbrühe*

F 6oo g kochendes Wasser
E Safran einrühren
M Reis einstreuen und garen
W salzen

F heiße Pfanne
E Butterschmalz erhitzen
M/E Zwiebel andünsten
E Paprikawürfel und Karotten andünsten und
E die abgetropften Korinthen unterrühren
M Chili und Cayennepfeffer unterrühren
E mit Gemüsebrühe ablöschen und 15 Min. garen
E Spinat und Mandelsplitter unterheben

Den Reis unter das Gemüse heben und mind. 1o Min. durchziehen lassen.

Dazu reicht man Salat und Schafjoghurt, das man mit Kreuzkümmel vermischt.

Sojakrapfen in Biersoße

Zutaten:

2oo g	*Soja-Vita mit*
3/8 l	*Gemüsebrühe verrühren*
2oo g	*Schafjoghurt in ein Spitzsieb mit Kaffeefilter geben und abtropfen lassen (ergibt ca. 15o g abgetropft)*
3	*Eier,*
2 EL	*Sojaöl,*
1 EL	*Senf,*
	Prise Thymian
1 TL	*Majoran,*
1	*Knoblauch fein gerieben,*
2 EL	*Mehl*
2 cl	*Weinbrand,*
1 Bd.	*Petersilie fein hacken*
	Meersalz, Pfeffer, Öl zum Fritieren
1	*Zwiebel in Streifen schneiden*
1 Stange	*Lauch in Streifen schneiden*
2	*Karotten in Streifen schneiden*
1oo g	*Sellerie in Streifen schneiden*
1 EL	*Olivenöl,*
2 EL	*Tomatenmark,*
3 EL	*Mehl*
1/4 l	*Gemüsebrühe,*
1 Gl.	*Bier,*
2 EL	*Honig,*
2 EL	*Balsamicoessig*
1 TL	*Majoran,*
1 TL	*Thymian*

E Sojavita in eine Schüssel geben
E Eier unterrühren und Öl
M Senf, Majoran, Knoblauch, Weinbrand, Petersilie und Pfeffer unterrühren
W salzen
H Joghurt und Weizenmehl unterrühren
F Prise Thymian einrühren
E wenn nötig, mit Semmelbrösel binden
Krapfen formen und in Öl fritieren.

Biersoße:

F heißer Topf
E Olivenöl erhitzen
E Karotten und Sellerie glasig dünsten
M Zwiebel und Lauch andünsten und mit
E Weißmehl stauben
E mit Gemüsebrühe aufgießen
M Majoran und Pfeffer unterrühren
W salzen
H Tomatenmark und Balsamicoessig einrühren
F Thymian und Bier einrühren und 1o Min. köcheln lassen
E mit Honig abschmecken.

Die Soße zu den Krapfen servieren.

Pilzrisotto

Zutaten:

2oo g	*Reis*
1	*Zwiebel fein hacken*
75 g	*Butterschmalz, Meersalz*
2 Bd.	*Dill fein schneiden*
75o g	*Eierschwammerl*
1oo g	*Frühstückspeck kroß ausbraten*
	Pfeffer frisch gemahlen
5o g	*Emmentaler grob gerieben*
1/2 l	*Gemüsebrühe*

F	heißer Topf
E	Butterschmalz erhitzen
M/E	die Hälfte der Zwiebel andünsten
M	Reis andünsten
W	Gemüsebrühe angießen und 2o Min. bei milder Hitze ausquellen lassen
W	salzen
F	heißer Topf (groß)
E	Butterschmalz erhitzen
M/E	restliche Zwiebel andünsten
E	Pilze dazugeben und solange braten, bis die ganze Flüssigkeit verdampft ist
M	dann den Reis unterheben
M	mit Dill und Pfeffer würzen
W	salzen und etwas durchziehen lassen.

Auf einer großen Platte anrichten und mit dem Emmentaler bestreuen und den kroß gebratenen Speck auf dem Risotto verteilen.

Reispuffer

Zutaten:

2oo g	*Reis in Salzwasser kochen*
	Meersalz,Pfeffer frisch gemahlen, Paprika
1 Bd.	*Frühlingszwiebel fein schneiden*
2	*Eier,*
4o g	*Hafermehl*
15o g	*geriebener Hartkäse*
1 EL	*Haferflocken*
	Olivenöl zum Braten

M Reis in eine Schüssel geben
M Zwiebel, Hafermehl, Pfeffer und Käse unterheben
W salzen
H Haferflocken unterheben
F Paprika unterheben
E Eier unterrühren

Aus der Masse Puffer formen und in Olivenöl goldgelb braten

Das Rezept läßt sich mit anderem Gemüse abwandeln
(z.B. mit Karotten oder Karfiol etc.).

Für Kinder kann man die Puffer mit Äpfeln und Birnen unter
Zugabe von Zimt und Honig zubereiten.

Reisbällchen auf Tomatengemüse

Zutaten:

2oo g	*Langkornreis in 1/2 l Wasser weich kochen*
1/2 Bd.	*Frühlingszwiebel in Ringe schneiden*
2	*Eier,*
1 EL	*Hefeflocken*
8o g	*Brösel*
5o g	*Parmesan*
2 Bd.	*Thymian gehackt, Pfeffer frisch gemahlen*
2 EL	*Olivenöl*
2	*Knoblauchzehen fein gerieben*
3o g	*Butterschmalz*
5oo g	*Tomaten würfeln*

M den abgekühlten Reis in eine Schüssel geben
M Parmesan unterrühren
W salzen
H Hefeflocken unterheben
F den halben Thymian unterheben
E Eier und Semmelbrösel unterheben
M pfeffern und gut verkneten

12 Bällchen formen und in heißem Butterschmalz mit dem restlichen Thymian von beiden Seiten goldgelb braten.

F heißer Topf, Olivenöl erhitzen
M/E Frühlingszwiebel zugedeckt 5 Min. dünsten
M Knoblauch einrühren und pfeffern
W salzen
H Tomatenwürfel dazugeben und weitere 5 Min. dünsten.

Die Reisbällchen auf dem Gemüse anrichten und sofort servieren.

„Sagenhafter" Reis

Zutaten:

1	*Zwiebel fein würfeln*
2	*Äpfel grob würfeln*
2 EL	*Olivenöl*
3 EL	*Rosinen*
2 EL	*Mandeln gehackt und in einer Pfanne ohne Fett goldgelb rösten*
100 g	*Champignon blättrig schneiden*
15 Stk	*gefüllte Oliven*
1 TL	*Curry, Meersalz, Honig nach Geschmack*
250 g	*Reis in reichlich Salzwasser garen und abtropfen lassen*

F	heiße Pfanne
E	Olivenöl erhitzen
M/E	Zwiebel anschmoren
E	die Apfelstücke anschmoren
E	Champignon, Oliven, Rosinen und Mandeln anschmoren
E	Honig nach Geschmack dazugeben
M	mit Curry würzen
W	salzen und weich dünsten
M	Reis vorsichtig unterheben und nochmals durchschmoren.

dazu paßt: Putenfleisch oder Entenfleisch (gut für Lu-Yin), Kaninchen kurz gebraten.

Eine andere Variante wäre, das Fleisch zu würfeln, zu rösten und unter den Reis zu mischen.

Schmeckt „sagenhaft"!

Reis im Tontopf oder Auflaufform

(reicht für 6–8 Pers.)

Zutaten:

400 g	*Basmatireis in kaltem Wasser 30 Min. einweichen und abtropfen lassen*
3	*mittelgr. Zwiebeln fein hacken*
4 EL	*Butterschmalz*
350 g	*Karfiol in kleine Röschen teilen*
250 g	*Kartoffel in etwa 3 cm Würfel schneiden*
2 große	*Tomaten achteln*
1 Stk	*frischen Ingwer (4 cm) fein reiben*
3	*Nelken, 1 Stk. Zimtrinde (5 cm)*
3	*grüne Kardamomkapseln*
2	*Lorbeerblätter, 1 TL Kurkuma*
1/2 TL	*Paprika, 1/2 TL Chili, 1/2 TL Kreuzkümmel*
200 g	*grüne Erbsen, 100 g Schafjoghurt*
	Meersalz, 5 EL Rosinen, 4 EL Mandelstifte
3–4	*Eier, 1 Limette,*

Römertopf einweichen!

F	großen Topf erhitzen
E	2 EL Butterschmalz erhitzen
M/E	Zwiebel goldgelb braten
M	Reis dazugeben und anbraten
W	mit 1/4 l lauwarmem Wasser aufgießen und zugedeckt 5 Min. kochen lassen, ausschalten und ausquellen lassen

F	Topf erhitzen
E	2 EL Butterschmalz erhitzen
M	Nelken, Kardamom und Lorbeerblätter dazugeben
E	Zimt dazugeben und ca. 3 Min. braten
M	Zwiebeln dazugeben und anschmoren
E	Karfiol und Kartoffel dazugeben und alles gut verrühren
M	Chili, Kreuzkümmel und Ingwer unterrühren
W	salzen und 1/4 l Wasser unterrühren
H	Tomaten und Joghurt unterrühren
F	Kurkuma und Paprika
E	Erbsen unterrühren und 5 Min. schmoren lassen.

Den Backofen auf 200 Grad vorheizen.

Die Zutaten wie folgt in den Römertopf oder in eine Auflaufform mit Deckel schichten:

1 den halben Reis
2 darauf Mandeln und Rosinen verteilen
3 Gemüse mit Flüssigkeit
4 zum Schluß den restlichen Reis

Das Ganze zugedeckt im Backofen 1 Stunde garen.

Inzwischen die Eier hart kochen, abschrecken, schälen und vierteln, Limette oder Zitrone in Scheiben schneiden.

Den Reis aus dem Ofen nehmen, gut durchrühren und mit den Eivierteln und den Limettenscheiben garniert, servieren.

Karpfen in Joghurtsoße

Zutaten:

1	*Karpfen (ca. 1 kg) von Kopf und Schwanz befreien, waschen und quer in Stücke von 2 cm Breite schneiden*
6 TL	*schwarzer Senfsamen, fein mahlen*
	Meersalz, 1/4 TL Chilipulver
4 EL	*Schafjoghurt*
2 EL	*Sesamöl*
1/2 TL	*Kurkuma, 1/2 TL Zwiebelsamen (Kalonji)*

In einen mittelgroßen Topf

H	Joghurt geben
F	Kurkuma unterrühren
E	Sesamöl unterrühren
M	Senfsamen und Chili unterrühren
M	Zwiebelsamen unterrühren
W	salzen und die Hälfte der Soße herausnehmen
W	Fisch einlegen und mit der herausgenommenen Soße bedecken und den Topfdeckel daraufgeben.

In einen größeren Topf, in den der Topf mit dem Fisch hineinpaßt, 1–1 1/2 l Wasser zum Kochen bringen, Temperatur reduzieren und den kleineren Topf hineinstellen, Deckel darauf und ca. 1/2 Stunde bei mittlerer Hitze garen.

Mit Reis servieren.

Wildgulasch (für einen kalten Herbsttag)

Zutaten:

600 g	*enthäutetes Reh- oder Hirschfleisch (Schulter) in grobe Würfel schneiden*
1 große	*Zwiebel in Streifen schneiden*
1 große	*Karotte in Streifen schneiden*
1 gelbe	*Rübe in Streifen schneiden*
100 g	*Sellerie in Streifen schneiden*
1	*rote und 1 grüne Paprikaschote in Streifen schneiden*
1 EL	*Paradeismark, 1 Knoblauch fein reiben*
1 Gl.	*Rotwein*
2	*Lorbeerblätter, einige Wacholderkörner, grüne Pfefferkörner,*
1/4 TL	*Majoran, Meersalz, 1 EL Maizena, Pfeffer frisch gemahlen*
	3 EL neutr. Öl

F	heißer Topf
E	Öl erhitzen
M/E	Zwiebel andünsten
E	Karotte, Rübe und Sellerie dazugeben und anschmoren
E	ebenso Paprika und andünsten
M	Fleisch dazugeben und durchschmoren
M	Lorbeer, Pfefferkörner, Knoblauch, Majoran unterrühren
W	salzen, lauwarmes Wasser dazugeben, bis das Fleisch bedeckt ist
H	Paradeismark unterrühren
F	Rotwein und Wacholderbeeren dazugeben und zugedeckt weichdünsten
E	Maizena mit etwas Wasser verrührt einkochen.
M	Mit Pfeffer würzen

Dazu ißt man Semmelknödel und Preiselbeerkompott.

Putennaturschnitzel mit Gemüsereis

Zutaten:

4	*Putenschnitzel (zu je 15o g)*
1/8 l	*Gemüse- oder Knochenbrühe, etwas Mehl, Meersalz*
25o g	*Reis, 6oo ml Gemüsebrühe*
2	*Karotten in Würfel schneiden*
25o g	*Broccoli in kleine Röschen teilen*
1 rote	*Paprikaschote in Würfel schneiden*
1	*Zwiebel fein hacken, 1 kl. Tomate würfeln*
1	*Knoblauch fein reiben*
2 EL	*Olivenöl, Meersalz, Pfeffer frisch gemahlen, 1 TL Paprika*
1 TL	*Curry,*
5o g	*ger. Parmesan,*
5o g	*Obers*
1 Bd.	*Schnittlauch fein geschnitten*

F	heißer Topf
E	Olivenöl erhitzen
M/E	Zwiebel andünsten
M	Knoblauch andünsten
M	Reis zugeben und durchrösten
E	Gemüsebrühe angießen und bei mittlerer Hitze 3o–4o Min. garen.
F	heißer Topf
E	Öl erhitzen
	Putenschnitzel salzen, in Mehl wenden und in Butterschmalz oder Öl kurz braten.
E	Karotten, Broccoli und Paprikawürfel in Olivenöl glasig dünsten
M	pfeffern und Curry untrerrühren
W	salzen
H	Tomaten unterrühren
F	Paprikapulver unterheben und das Ganze 1/4 Std. vor Ende der Garzeit zum Reis geben und fertig garen
E	Obers angießen
M	Parmesan und Schnittlauch unterheben

und auf der ausgeschalteten Herdplatte nachquellen lassen.

Putenstücke im Schmortopf

Zutaten:

800 g	*Putenfleisch (oder Huhn, gut ist auch Ente) in 4 Teile teilen*
500 g	*Kartoffel schälen und in Scheiben schneiden*
2 große	*Fleischtomaten in Scheiben schneiden*
1–2	*Zwiebeln in Scheiben schneiden*
1/2 TL	*Chilipulver, Meersalz, Pfeffer frisch gemahlen,*
2 TL	*Paprikapulver, 1 EL Tomatenmark*
2 EL	*Olivenöl, 1 TL Safran, 1 EL Honig Saft von 1 Zitrone*
250 ml	*Gemüsebrühe*
1 EL	*Petersilie feingehackt*
1 EL	*Zitronenmelisse feingehackt*

Das Fleisch mit Salz, Pfeffer und Paprika einreiben, das Gemüse in einen Schmortopf schichten, Fleisch darauflegen und mit folgender Soße übergießen:

E Fleisch- oder Gemüsebrühe wärmen
E Olivenöl einrühren
E Honig und Safran einrühren
M Chili dazugeben
W salzen
H Tomatenmark und Zitronensaft unterrühren

Den Schmortopf schließen und etwa 1 1/2 Std. bei 200 Grad im Rohr schmoren. Vor dem Servieren die Kräuter darüberstreuen.

Wunderbar schmeckt dazu gegrillter Polenta.

Apfel-Auflauf

Zutaten:

8oo g	*Äpfel grob raffeln*
8 EL	*geriebene Nüsse*
	Prise Kakao
5	*Eier getrennt*
6 EL	*Haferschrot fein*
1 1/2 TL	*Zimt, Saft von 1 Zitrone*
8 EL	*Honig, Butter zum Einfetten*

H Äpfel mit Zitronensaft vermischen
F Prise Kakao unterziehen
E Nüsse, Eigelb und Zimt unterrühren
M Haferschrot unterrühren und 1/2 Stunde quellen lassen
E Eiweiß sehr steif schlagen, zum Schluß den Honig unterschlagen und vorsichtig unter die Apfelmasse heben.

In eine gebutterte Auflaufform füllen und bei 2oo Grad 3o Min. backen.

Kalte Vanillesauce schmeckt herrlich dazu!

Reisdessert

Zutaten:

5oo ml	*Milch (Sojamilch)*
1 P.	*Vanillezucker*
1/4 TL	*Koriander frisch gemahlen*
2oo g	*Rundkornreis, Prise Meersalz*
4	*Eier trennen*
5o ml	*Obers*
6 EL	*Honig, Prise Kakao*
5o g	*gehackte Haselnußkerne*
1 TL	*Zitronensaft*
	Fett und Semmelbrösel für die Form

F	heißer Topf
E	Milch erhitzen und Vanillezucker dazugeben
M	Koriander und Reis einstreuen
W	salzen und ca. 3o–4o Min. kochen lassen (gelegentlich umrühren) abkühlen lassen
H	Zitronensaft unterrühren
F	Prise Kakao unterrühren
E	Eidotter, Obers und Honig verquirln und unterrühren
E	Nüsse unterrühren
E	Eiklar steif schlagen und vorsichtig unterheben

In eine gefettete und mit Bröseln ausgestreute Puddingform füllen und diese verschließen. Im Wasserbad im Topf oder im Backrohr bei 2oo Grad 5o Min. garen.

Vor dem Stürzen ca. 5 Min. ruhen lassen.

Servieren Sie dazu eine Obstsauce Ihrer Wahl.

Reispudding geschichtet

Zutaten:

1 l	*Wasser*
60 g	*Rundkornreis*
1/4 l	*Milch (Sojamilch)*
4 EL	*Honig, 1/4 l Obers*
1 TL	*Zitronenschale, Prise Kakao*
1 Pk.	*Vanillezucker*
4 Bk.	*weiße Gelatine in kaltem Wasser einweichen*
100 g	*Heidelbeeren*
100 g	*Brombeeren*
100 g	*Weintrauben halbieren*
100 g	*frische Feigen in Stücke schneiden*

Wasser zum Kochen bringen und Reis darin 5 Min. kochen und dann abtropfen lassen

E	Milch in einen Topf geben
E	Honig und Vanillezucker einrühren
M	Reis dazugeben
W	salzen
H	Zitronenschale dazugeben und 20 Min. köcheln bis der Reis weich ist!
F	winzige Prise Kakao einrühren
E	Die eingeweichte Gelatine auflösen und unter die Reismasse rühren und auskühlen lassen
E	Obers sehr steif schlagen und unter die Reismasse heben

3 große Gläser schichtweise mit Reis und Obst füllen und mit Obsstücken verzieren.

Gebackene Birne mit Sesam

Zutaten:

4	*nicht zu große Birnen, halbieren und das Kerngehäuse entfernen*
4 EL	*Kokosraspeln (am besten frische)*
4 EL	*Marillenpaste (s. Birnen od. Marillenaufstrich)*
2 EL	*Sesam in einer Pfanne ohne Fett goldgelb rösten*
2oo ml	*Weißwein*

E Birnen in eine Auflaufform setzen
E Kokosraspeln, Marillenpaste und Sesam mischen und in die Birnenhälften füllen
M Weißwein angießen

und im vorgeheizten Rohr bei 22o Grad 3o Min. backen.

Indisches Mandelreisdessert

Zutaten:

3 EL	*geschälte Mandeln in einem Topf mit 1/8 l Wasser zum Kochen bringen, vom Herd nehmen und zugedeckt 15 Min. stehen lassen und dann pürieren*
2oo g	*Obers*
1oo g	*Honig oder Vollrohrzucker*
2 1/2	*geh. EL Reismehl*
2oo ml	*Milch oder Sojamilch*
2 EL	*Rosenwasser (bekommen Sie in der Apotheke)*
1 EL	*gehackte Mandeln*
1 EL	*gehackte Pistazien*

F heißer Topf
E Obers und Honig zum Kochen bringen

E in einer Schüssel Mandelpüree mit
M Reismehl vermischen
E kalte Milch unterrühren
E in die kochende Obers-Honigmischung einrühren und ständig rühren, damit die Masse nicht klumpt. Hitze reduzieren und bei schwacher Hitze andicken lassen.
E Rosenwasser unterrühren

In Dessertschalen füllen und ca. 1 Stunde kalt stellen.

Mit Mandeln und Pistazien verzieren.

Feigenaufstrich

1o getrocknete Feigen über Nacht mit Wasser bedeckt einweichen. Am nächsten Tag mit dem Einweichwasser pürieren, so viele geröstete Nüsse untermischen, daß eine streichfähige Paste entsteht und mit Zimt abschmecken.

Birnen- oder Marillenaufstrich

Zutaten:

1oo g	*getrocknete Birnen mit Schale! oder gleiche Menge getrocknete Marillen zerkleinern*
4	*getrocknete Datteln zerkleinern und alles zusammen in*
1oo ml	*Apfelsaft über Nacht einweichen und dann mit so viel geriebenen Mandeln vermischen, daß eine streichfähige Paste entsteht. Mit Zimt, Zitronenschale oder Vanillemark abschmecken*

Anm.: Feigen und Mandeln tonisieren das Lu Qi und Yin
Birnen sind bestens für Lu-Yin geeignet
und Mandeln harmonisieren Lu und Nieren

Frischkäseaufstrich

Zutaten:

100 g	*schwarze Oliven zerkleinern*
125 g	*Frischkäse vom Schaf oder Ziege*
100 g	*Schafjoghurt, Prise Rosmarin*
1	*Knoblauchzehe fein reiben*
1 Bd.	*Basilikum fein hacken*
	Pfeffer frisch gemahlen
1 TL	*Sesam in einer Pfanne ohne Fett rösten, Meersalz*

H Frischkäse und Joghurt in einer Schüssel glatt rühren
F Prise Rosmarin unterrühren
E Oliven und Sesam unterrühren
M Pfeffer, Knoblauch und Basilikum unterrühren
W salzen.

Haferaufstrich

Zutaten:

5o g	*Haferschrot fein*
1 kleine	*Zwiebel fein hacken*
5o ml	*Gemüsebrühe*
1 EL	*Kren frisch gerieben, Kräutersalz*
	einige Tropfen Zitronensaft
5o g	*Butter*
2 EL	*Hefeflocken*

E	heiße Gemüsebrühe
M	Zwiebel darin dünsten
M	Haferschrot einrühren, aufkochen lassen, vom Herd nehmen und ausquellen lassen
E	Butter einrühren
M	Kren unterrühren
W	salzen
H	Hefeflocken unterrühren und mit Zitronensaft abschmecken.

Eingelegter Käse mit Kräuterstriezel

Zutaten:

2	*Chilischoten, 2 Knoblauchzehen*
25o ml	*kaltgepr. Olivenöl*
1 EL	*Pfefferkörner, 4 Wacholderbeeren,*
1	*Lorbeerblatt, 1 Zweig Rosmarin, 1 Zweig Thymian*
1	*Zwiebel in Ringe schneiden*
4oo g	*Käse gemischt (Schafkäse, Gorgonzola und Ziegenkäse) in mundgerechte Stücke teilen*
1oo g	*feines Haferschrot*
2oo ml	*Buttermilch*
25o g	*Weizenvollmehl, 1/2 Pk. Germ, 2 EL Butter, Meersalz*
2 TL	*Kümmel, 1 EL Anis, 1 TL Kardamom, 1 EL Majoran*
1/2 Bd.	*Schnittlauch, 1/2 Bd. Petersilie, Prise Thymian,*
2	*Eigelb*

F heißer Topf
E die Hälfte vom Olivenöl erhitzen
F Thymian und Rosmarin einlegen
E das restliche Olivenöl dazugeben und
M Knoblauch, Chili, Pfeffer, Wacholder, Lorbeerblatt einlegen, erhitzen, vom Feuer nehmen und auskühlen lassen
M Zwiebelringe und Käse abwechselnd in ein Glas schichten und mit der Öl-Gewürzmischung übergießen.

Mindestens über Nacht im Kühlschrank durchziehen lassen.

Dazu servieren Sie einen Kräuterstriezel:

M 2/3 vom Haferschrot in eine Schüssel geben
W etwas salzen
H Buttermilch unterrühren und 2 Std. quellen lassen
H Weizenvollmehl und Germ unterarbeiten
F Thymian unterarbeiten
E Butter einarbeiten
M Schnittlauch, Petersilie, Majoran, 1 TL Kümmel und das restliche Haferschrot einarbeiten und zu einem festen Teig verkneten und 3o Min. gehen lassen.

Den Teig nochmals durchkneten, in 3 Teile teilen und mit den Händen am Arbeitstisch 3 Stränge formen und diese zu einem Zopf flechten. Auf ein mit Backpapier ausgelegtes Blech legen und nochmals 1/4 Std. gehen lassen. Dann im vorgeheizten Rohr bei 22o Grad ca. 3o Min. backen. 1o Min. vor Ende der Backzeit die Striezel mit verdünntem Eidotter bestreichen – mit Anis, Kümmel und Kardamon bestreuen und fertig backen.

Basilikumkäse

Zutaten:

2 Bd.	*Basilikum grob hacken*
50 g	*Pinienkerne in einer Pfanne ohne Fett goldgelb rösten*
25 g	*Pinienkerne im Mörser zerstoßen*
200 g	*milden Schaf- oder Ziegenfrischkäse durch ein Sieb streichen*
150 g	*weiche Butter oder Reformmargarine*
25 g	*Parmesan gerieben*
1/8 l	*Obers, etwas Pfeffer frisch gemahlen, Meersalz*

F Schaf- oder Ziegenfrischkäse in eine Schüssel geben
E Obers unterrühren
E Butter unterrühren
E zerstoßene Pinienkerne unterrühren
H Parmesan einrühren
M Basilikum unterheben und pfeffern
W etwas salzen

Eine Form aus Metall oder Porzellan (Volumen ca. 1/2 l) mit kaltem Wasser ausspülen oder einölen, die Käsemasse hineingeben, glatt streichen und 3–4 Std. im Kühlschrank durchziehen lassen.

Auf einen Teller oder Platte stürzen, mit den gerösteten Pinienkernen bestreuen und diese leicht andrücken.

Mit Radieschenscheiben und Tomatenachteln garnieren.

Haferflockenfrühstück

Zutaten:

4	*Hände voll Haferflocken*
2 EL	*Butter*
4 EL	*Rosinen*
	Frischmilch nach Bedarf
	Prise Zimt, Prise Ingwer, Meersalz
500 g	*gemischtes Obst (z.B. Holler, Äpfel, Pflaumen, Birnen, getrocknete Marillen etc.)*
	etwas Zitronenschale,
	Prise Zimt, Maizena zum Andicken
4 EL	*geröstete Nüsse oder Sonnenblumen- u. Kürbiskerne etc.*

F	3/4 l kochendes Wasser
E	2 EL Butter einrühren
M	Haferflocken einstreuen
E	Rosinen dazugeben und ausquellen lassen.
E	je nachdem, wie dick Sie den Brei haben wollen, mischen Sie Frischmilch darunter
E	Prise Zimt dazu
M	Prise Ingwer unterrühren
W	salzen.

Dazu reichen Sie Kompott und geröstete Nüsse.

Rezeptteil

Winter

*

Es ist dies die Zeit, in der wir
uns durch kräftiges, erwärmendes Essen
vor den Kälteeinflüssen des Winters
schützen.

*

16. 11.–27. 1.

Kartoffelcremesuppe

Zutaten:

500 g	*Kartoffel würfeln*
50 g	*Lauch fein schneiden*
1	*Zwiebel fein hacken*
2 EL	*Butterschmalz*
800 ml	*Knochen- oder Gemüsebrühe*
	Meersalz, Pfeffer frisch gemahlen, Kümmel
	Muskatnuß frisch gemahlen
1 Glas	*Weißwein, 100 ml Milch*
1 Bd.	*Schnittlauch fein schneiden*

F heißer Topf
E Butterschmalz erhitzen
E Kartoffel anschwitzen
M Zwiebel und Lauch anschwitzen
E Mit Knochenbrühe aufgießen, Milch dazugießen
M Pfeffer, Kümmel, Muskatnuß einrühren
und 15 Min. kochen lassen und anschließend pürieren
M Wein dazugeben und Schnittlauch
W salzen

Buchweizensuppe mit Gemüse

Zutaten:

50 g	*Buchweizen*
1 große	*Zwiebel fein hacken*
20 g	*Butterschmalz oder Olivenöl*
1 l	*Gemüsebrühe oder Knochensuppe*
1	*Karotte würfeln*
1	*Pastinake würfeln*
1 kleinen	*Staudensellerie in Ringe schneiden*
	Meersalz und schwarzer Pfeffer frisch gemahlen
1 Stange	*Lauch in Ringe schneiden*
1 EL	*feingehackte Petersilie*
1 EL	*feingehackte Liebstöckl oder*
	1 TL getrocknet, Tamari

F	heißer Topf
F	Buchweizen anrösten
E	Öl zugeben
M/E	Zwiebel andünsten
E	Gemüsebrühe angießen
F	Pastinake dazugeben
E	Karotten und Sellerie unterrühren
M	Lauch dazugeben und leicht köcheln lassen, bis das Gemüse weich ist.
M	Pfeffer, Petersilie und Liebstöckl unterrühren
W	salzen und mit Tamari (Sojasauce) abschmecken.

Linsensuppe

Zutaten:

25o g	*grüne Linsen 1 Std. mit Wasser bedeckt, einweichen*
1	*Zwiebel fein würfeln,*
2oo g	*Karotten fein würfeln*
2	*Knoblauchzehen fein reiben*
1 Stange	*Bleichsellerie in Ringe schneiden*
3oo g	*Tomaten (Dose) würfeln*
4 EL	*Olivenöl, 1 EL Tomatenmark*
2	*Lorbeerblätter, 1 TL Thymian, Meersalz, Pfeffer,*
1 Bd.	*Petersilie fein hacken*
	Balsamicoessig, 1oo g schwarze Oliven entsteinen und in Stückerl schneiden

F	heißer Topf
E	Olivenöl erhitzen
M/E	Zwiebel andünsten
E	Karotten und Bleichsellerie dazugeben
M	Knoblauch, Lorbeer, Pfeffer dazugeben und 2 Min. schmoren
W	Linsen und 1 1/2 l Wasser dazugeben
W	salzen
H	Tomaten und -mark zugeben
F	Thymian unterrühren und ca. 4o Min. kochen, bis die Linsen weich sind.
E	Oliven unterheben und etwas durchziehen lassen.
M	Petersilie unterrühren und
W	etwas salzen
H	mit Balsamicoessig abschmecken.

Erbsen-Graupensuppe

Zutaten:

15o g	*grüne Trockenerbsen*
125 ml	*Gemüsebrühe*
1 kleine	*grüne Pfefferschote kleinschneiden*
4o g	*Graupen*
1	*Kartoffel in Würfel schneiden*
1 große	*Zwiebel fein hacken*
1	*Knoblauchzehe reiben*
1 Bd.	*Suppengrün fein schneiden*
1 EL	*Öl, 1–2 EL Zitronensaft*
	Meersalz, 2 EL Petersilie gehackt

F	heißer Topf
E	Öl erhitzen
E	Suppengrün andünsten
M	Zwiebel und Knoblauch andünsten
E	mit Gemüsebrühe aufgießen und Kartoffelwürfel dazugeben
M	Pfefferschote und Gerstengraupe dazugeben
W	Erbsen einstreuen und ca. 5o Min. garen
M	mit Petersilie bestreuen
W	salzen
H	mit Zitronensaft abschmecken

Fischsuppe

Zutaten:

15o g	*Fisch (z.B. Kabeljau, Steinbutt, Seehecht, Lachs etc. mind. 2–3 Sorten) waschen und in große Stücke schneiden, in eine Schüssel legen, mit 3 EL Zitronensaft beträufeln und kühl stellen Saft von 1 Zitrone*
2oo g	*Zwiebel in mittelgroße Stücke schneiden*
3oo g	*Kartoffel in Stücke schneiden*
2oo g	*Karotten in Scheiben schneiden*
3oo g	*Tomaten aus der Dose würfeln*
1 Bd.	*Petersilie fein hacken*
1 Bd.	*Blätter v. Stangensellerie fein schneiden*
1	*Lorbeerblatt, 4 EL Olivenöl Meersalz und Pfeffer frisch gemahlen*

F	heißer Topf
E	Olivenöl erhitzen
E	Kartoffel, Karotten und Stangensellerie dazugeben
M	Petersilie, Zwiebel, Lorbeerblatt und Pfeffer dazugeben
W	Meersalz und 1 l lauwarmes Wasser dazugeben
H	Tomaten dazugeben und 3o Min. bei schwacher Hitze kochen
W	Fischstücke hineingeben und 15 Min. ganz vorsichtig garen.
W	salzen
H	mit Zitronensaft abschmecken.

Piemonteser Kuttelsuppe

Es ist schade, daß Kutteln so ganz in Vergessenheit geraten sind, oder besser gesagt, der Wohlstand sie zu Hundefutter degradiert hat. Dabei sind Kutteln eines der wertvollsten Grundnahrungsmittel, sie geben dem Körper volle Energie!

Vielleicht kann ich jemanden mit meiner Begeisterung anstecken – aus diesem Grunde nehme ich dieses Rezept in mein Kochbuch auf.

Zutaten:

50 g	*Speck fein würfeln*
1 Stange	*Sellerie in Scheiben schneiden*
2 Stange	*Lauch in Scheiben schneiden*
2	*mehlige Kartoffel würfeln*
2	*Zwiebeln fein würfeln*
1	*Lorbeerblatt, 6 Salbeiblätter*
50 g	*Butterschmalz, 2 l Fleischbrühe*
700 g	*vorgekochte Kutteln in feine Streifen schneiden*
400 g	*Kohl in Streifen schneiden*
2 EL	*Parmesan, Meersalz, Pfeffer frisch gemahlen*

Es gibt Fleischhauer, die gekochte Kutteln verkaufen. Bekommen Sie diese nur frisch, dann ersuchen Sie Ihren Fleischer, daß er sie gründlich reinigt und wässert. Dann kochen Sie die Kutteln mit frischem Wasser 1 Stunde, dann erneut mit frischem Wasser, Pfefferkörnern, Salz und einem Schuß Essig mehrere Stunden (mind. 5) kochen.

F	heißer Topf
E	Butterschmalz erhitzen und Speck ausbraten
F	Salbeiblätter andünsten
E	Sellerie andünsten
M	Lorbeerblatt andünsten
E	Kartoffel hinzugeben
M	Zwiebel und Lauch anschmoren
E	Fleischbrühe angießen (nicht kalt)
E	Kutteln dazugeben
M	pfeffern und 1 Stunde köcheln lassen
E	den Kohl dazugeben und zugedeckt weitere Stunde köcheln lassen.
M	Parmesan unterrühren und pfeffern
W	salzen

Fenchel in Schalottenbutter

als Vorspeise geeignet oder als Beilage

Zutaten:

1oo g	*Schalotten sehr fein würfeln*
75o g	*Fenchel in 1/2 cm dicke Scheiben schneiden, das Fenchelgrün zur Seite geben*
6o g	*Butterschmalz, Meersalz*
6 EL	*trockener Weißwein*
1 TL	*Zitronenschale*
4 EL	*Parmesan gerieben*

F	große heiße Pfanne
E	Butterschmalz erhitzen
M/E	Schalotten andünsten
E	Fenchel zugeben und bei milder Hitze von jeder Seite 1o Min. braten
M	Weißwein angießen und verdampfen lassen
W	salzen
H	mit Zitronenschale bestreuen und servieren.
F	Parmesan getrennt dazu reichen.

Warmer Broccoli-Zucchinisalat

Zutaten:

500 g	*Broccoli in kleine Teile schneiden*
300 g	*Zucchini in 1/2 cm dicke Scheiben schneiden*
	Prise Thymian, Meersalz, Pfeffer
1 TL	*Honig, 2 EL Balsamicoessig*
5 EL	*Olivenöl,*
1 kleine	*Zwiebel fein gehackt*
1/2 Bd.	*frischen Dill fein gehackt, etwas Zitronenschale*

H Essig in eine Schüssel geben
F Prise Thymian dazugeben
E Honig einrühren
E Olivenöl unterschlagen
M pfeffern
W salzen

Broccolistücke 4–5 Min. in Salzwasser knapp garen, herausnehmen und dann die Zucchinischeiben 3 Minuten garen und abtropfen lassen.

Das Gemüse auf vorgewärmten Tellern verteilen, auf den Broccolistücken Zwiebel verteilen und Zitronenschale, Zucchini mit Dill bestreuen, die Salatsauce über das Gemüse gießen.

Lauwarmer Linsensalat mit Rohschinken

Zutaten:

200 g	*Rohschinken (ganz dünn aufgeschnitten)*
200 g	*kleine grüne Linsen in 400 ml Gemüsebrühe weichkochen*
1	*große mehlige Kartoffel kochen und reiben*
100 g	*Karotten über Dunst bißfest garen und klein würfeln*
100 g	*Petersilienwurzeln über Dunst bißfest garen und klein würfeln*
3	*Schalotten fein hacken*
1	*roter Apfel, ungeschält in kleine Würferl schneiden und mit 2 EL Zitronensaft beträufeln*
3 EL	*Zitronensaft, Pfeffer*
150 g	*Ruccola, 1 TL Honig, 6 EL Olivenöl*
30 g	*Butterschmalz*

F heiße Pfanne
E Butterschmalz erhitzen
E Karotten, Kartoffel und Apfel dazugeben
M Zwiebel, Petersilienwurzel, Pfeffer
W Linsen mit Sud und Meersalz unterrühren und bei ganz milder Hitze zugedeckt warm halten.
E Olivenöl in eine Schüssel geben
E Honig unterrühren
M Pfeffer dazugeben
W salzen
H Zitronensaft einrühren
F Ruccola unterheben

Auf einem Teller Rohschinken, Raukesalat und Linsengemüse dekorativ anrichten.

Als Vorspeise, sowie als kleines Abendessen geeignet.

Schafkäse auf Kürbis-Endiviensalat

Zutaten:

350 g	*Schafkäse würfelig schneiden*
350 g	*Kürbis würfelig schneiden*
200 g	*Endiviensalat in mundgerechte Stücke zupfen*
2 EL	*Balsamicoessig*
100 ml	*Weißwein*
1 EL	*Himbeeressig*
3 EL	*Nuß- oder Kürbiskernöl*
	Meersalz, Pfeffer, Honig

F heißer Topf – 1 EL Wasser erhitzen
E Kürbiswürfel dazugeben und andünsten, Honig unterrühren
M Weißwein angießen und pfeffern
W salzen
H Balsamicoessig dazu und den Kürbis bißfest dünsten.

E Kürbiskernöl in eine Schüssel geben
M pfeffern
W salzen
H Himbeeressig einrühren
F Endiviensalat unterziehen

Auf Tellern anrichten, das Kürbisgemüse in der Mitte plazieren, die Schafkäsewürfel darauf verteilen und mit ein wenig Kernöl beträufeln.

Mit Fladenbrot als kleine Vorspeise, oder Abendessen gedacht.

Salat aus Azukibohnen und getrockneten Marillen

Zutaten:

8 getr.	*Marillen (Aprikosen) kleinschneiden und in*
150 ml	*Apfelsaft über Nacht einweichen*
150 g	*Azukibohnen über Nacht in Wasser einweichen und weichkochen, abtropfen*
3 EL	*Balsamicoessig*
2 EL	*Distelöl oder anderes Öl kaltgepreßt*
1 EL	*Honig*
1 TL	*Kräutersalz, Pfeffer frisch gemahlen*
1 EL	*Thymian feingehackt oder 1 TL getrocknet*
1 Stange	*Lauch in Ringe schneiden,*
2 kleine	*rote Zwiebeln in Ringe schneiden*
1 TL	*Kerbel, 1 EL Olivenöl*
1 Bd.	*Petersilie feingehackt*

Marinade aus:

H	Balsamicoessig
F	Thymian
E	Distelöl, Honig, Kerbl, Marillen und Apfelsaft
M	Pfeffer
W	Kräutersalz herstellen
W	Bohnen unterheben und erkalten lassen

F	heißer Topf
E	Olivenöl erhitzen
M/E	Zwiebel andünsten
M	Lauch andünsten und die Petersilie unterrühren

und das Gemüse unter die Bohnen mischen.

Getreidebratlinge mit Zwiebelsoße

Zutaten:

100 g	*Weizenschrot mittelfein*
100 g	*Roggenschrot mittelfein*
400 ml	*Gemüsebrühe*
1	*Lorbeerblatt, Kümmel, Kräutersalz*
je 1/2 TL	*Rosmarin und Thymian,*
1 EL	*Hefeflocken*
2	*Zwiebeln fein hacken, Estragon*
200 g	*Karotten raffeln*
1/2 Bd.	*Petersilie fein hacken*
100 g	*Sellerie raffeln*
200 g	*Zwiebel fein hacken*
1	*Knoblauchzehe fein reiben*
2 EL	*Olivenöl*
250 ml	*Gemüsebrühe oder Weißwein*
150 g	*Sauerrahm oder Creme fraiche*
	Meersalz, Pfeffer und Muskatnuß frisch gemahlen

H	Weizenschrot in einen Topf geben
F	Roggenschrot untermischen und etwas anrösten
F	Rosmarin und Thymian untermischen
E	mit Gemüsebrühe aufgießen
M	Lorbeerblatt und Kümmel unterrühren und 20 Min. leise kochen und ab und zu umrühren, Herdplatte ausschalten und 30 Min. nachquellen lassen.
E	Karotten, Sellerie und Estragon untermischen
M	Zwiebel und Petersilie untermischen
W	Kräutersalz
H	Hefeflocken untermischen

Den Getreidebrei wie Kartoffelrösti in einer Pfanne von beiden Seiten braten.

Soße:

F	heißer Topf
E	Olivenöl erhitzen
M/E	Zwiebel andünsten
M	Knoblauch andünsten
M	mit Wein aufgießen und zugedeckt 20 Min. dünsten, anschließend pürieren, Pfeffer und Muskat unterrühren
W	salzen
H	mit Sauerrahm aufschlagen

Rote Bohnen mit Gemüse

Zutaten:

25o g	*Kidneybohnen über Nacht in*
75o ml	*Gemüsebrühe einweichen*
1	*Zwiebel ganz fein hacken*
2	*Karotten klein würfeln*
5o g	*Lauch in feine Ringe schneiden*
1	*Peperoni hacken*
2 EL	*Olivenöl*
1	*rote und 1 grüne Paprikaschote fein würfeln*
2 EL	*Tomatenmark*
3 EL	*Vollmehl*
1 EL	*Paprikapulver*
1 TL	*Curry*
	etwas Honig, 1 Bd. Schnittlauch fein schneiden
1oo g	*Sauerrahm*

F	heißer Topf
E	Olivenöl erhitzen
M/E	Zwiebel andünsten
E	Karotten dazugeben
M	Lauch dazugeben und andünsten
W	Bohnen mit dem Einweichwasser dazugeben und 5o Min. garen
H	Tomatenmark unterrühren
H	mit Weizenvollmehl stauben
F	Paprika unterrühren
E	Paprikagemüse dazugeben und 5 Min. kochen
E	mit Honig abschmecken
M	Peperoni und Curry unterrühren, nochmals aufkochen und dann Schnittlauch unterheben.

Mit einem Klecks Sauerrahm servieren und Tortillas dazu reichen – siehe nächstes Rezept!

Winterliches Bohnengericht mit Tortillas

Zutaten:

250 g	*weiße Bohnen über Nacht in*
750 ml	*Gemüsebrühe einweichen*
2	*Zwiebeln fein hacken*
2	*Knoblauchzehen fein reiben*
1	*Chilischote oder 1/4 TL Chili, Prise Paprika*
2 EL	*Olivenöl, 3 EL Tomatenmark*
	Pfeffer frisch gemahlen, Honig nach Geschmack, Meersalz,
125 g	*fester Schafkäse*
60 g	*feines Maismehl*
60 g	*feines Weizenvollmehl*
	Prise Thymian
1 Tasse	*Wasser, Meersalz, Koriander, 1 EL Olivenöl*

F heißer Topf
E Öl erhitzen
M/E Zwiebel andünsten
M Knoblauch, Chili und Pfeffer dazugeben
W Bohnen mit Brühe dazugießen
H Tomatenmark einrühren und 1 Stunde weich kochen
F Prise Paprika dazugeben
E mit Honig abschmecken
M nochmals mit Pfeffer und Chili abschmecken
W salzen

Tortillas:

E Maismehl in eine Schüssel geben
M Koriander untermischen
W Meersalz und Wasser unterrühren
H Weizenmehl einrühren
F Thymian unterrühren
E Olivenöl unterrühren

Aus dem Teig 10–15 cm große Fladen streichen und diese von beiden Seiten in einer Pfanne backen und erkalten lassen.

Bohnen mit zerbröseltem Schafkäse bestreut servieren und dazu Tortillas reichen.

Pilaw mit Azukibohnen

Zutaten:

200 g	*Azukibohnen in 1 l Wasser über Nacht einweichen und dann im Einweichwasser 1 Std. garen*
200 g	*Naturreis in 0.7 l Wasser über Nacht einweichen und am nächsten Tag im Einweichwasser garen*
4	*Knoblauchzehen fein reiben*
1 Stk.	*ca. 3 cm frischen Ingwer fein reiben*
4 EL	*fein gehackte Petersilie*
1 TL	*Kurkuma, 1 TL Kreuzkümmel*
1 TL	*scharfes Paprikapulver, Prise Chili*
5	*Pimentkörner im Mörser zerstoßen*
1	*Zwiebel fein gewürfelt*
2	*Fleischtomaten grob hacken,*
6 EL	*Korinthen*
4 EL	*Pinienkerne, 2–3 TL Meersalz, 3 EL Olivenöl*

F	heißer Topf
E	Olivenöl erhitzen
F	Kurkuma anschwitzen
E	Korinthen dazugeben
M	2 EL Petersilie, Knoblauch, Chili, Piment, Ingwer und Kreuzkümmel 5 Min. braten
M	Zwiebel dazugeben
W	salzen
H	Tomaten unterrühren und weitere 10 Min. schmoren
F	Paprika dazugeben
E	Pinienkerne
M	restliche Petersilie und den Reis untermischen
W	Azukibohnen dazugeben und ca. 20 Min. durchziehen lassen.

Eine ***Köstlichkeit*** – ist absolut mein Lieblingsrezept!

Wenn Sie möchten, können Sie vor dem Durchziehen noch 400 g gewürfeltes – geröstetes Fleisch dazugeben.

Mit Endiviensalat servieren.

Bohnen-Kürbis-Curry

Zutaten:

300 g	*Azukibohnen in 800 ml Wasser über Nacht einweichen und anschließend mit*
1 Stk.	*Ingwer, ca. 4 cm lang, garen*
1 kleine	*grüne Peperoni fein hacken*
3	*Knoblauchzehen fein reiben*
1/4 TL	*Chili, 1 TL Kurkuma, 1 TL Kreuzkümmel*
2	*Nelken, 5 Pimentkörner, 1 Stk. Stangenzimt*
500 g	*Kürbis in Würfel schneiden*
1 große	*Zwiebel würfeln, 3 EL Olivenöl,*
1/8 l	*Tomatensaft*
	Saft von 1 Zitrone,
2 EL	*Butterschmalz*
2 TL	*Meersalz, 2 EL Sesam*

F	heißer Topf
E	Olivenöl erhitzen
M/E	Zwiebel anrösten
E	Kürbis dazugeben
M	die grüne Peperoni und Knoblauch unterrühren
W	salzen
H	Tomaten- und Zitronensaft unterrühren und 15 Min. dünsten.
F	heißer Topf
E	Butterschmalz erhitzen
F	Kurkuma andünsten
E	Zimt im Mörser zerstoßen und untermischen
M	die zweite Hälfte Knoblauch, Chili, Piment zerstoßen, Kreuzkümmel Nelken fein zerstoßen ca. 5 Min. braten und dann zur Kürbismasse geben
W	Bohnen unterrühren und 5 Min. durchziehen lassen
W	salzen

Mit Sesam bestreut servieren. Dazu passen ausgezeichnet Tortillas.

Linsengericht

Zutaten:

400 g	*Linsen über Nacht einweichen und in*
500 ml	*Gemüsebrühe ca. 20 Min. kochen*
2 EL	*Butterschmalz*
1	*Zwiebel fein hacken*
2	*Karotten klein würfeln*
1 Stange	*Lauch in Ringe schneiden*
2 EL	*Tomatenmark, Prise Paprika*
1 Tasse	*Weißwein*
	Saft von 1 Zitrone
2 EL	*Vollmehl, Meersalz*
	Pfeffer frisch gemahlen,
2 EL	*Honig, 4 EL Balsamicoessig*

F	heißer Topf
E	Butterschmalz erhitzen
M/E	Zwiebel andünsten
E	Karotten andünsten
M	Lauch andünsten
W	Linsen dazugeben
H	Weißwein, Tomatenmark und Zitronensaft unterrühren
F	Prise Paprika unterrühren und so lange dünsten, bis alles Gemüse weich ist
E	mit Honig abschmecken
M	pfeffern
W	salzen
H	mit Mehl stauben nochmals kurz aufkochen und mit Balsamicoessig abschmecken

Dazu passen sehr gut Vollkornspätzle.

Bohnen-Kürbis-Eintopf

Zutaten:

2oo g	*rote Bohnen über Nacht in 1/2 l kaltem Wasser einweichen*
1	*Zwiebel fein hacken*
2	*Knoblauchzehen fein reiben*
4	*EL Olivenöl*
3	*Tomaten aus der Dose, grob würfeln*
1 EL	*Tomatenmark, Meersalz*
1	*rote Peperoni fein hacken, Thymian, Rosmarin, Petersilie fein hacken*
5oo g	*Kürbis in Schnitze schneiden*
2 EL	*Balsamicoessig, Pfeffer frisch gemahlen*

H heißer Topf
1 EL Olivenöl erhitzen
M/E Zwiebel andünsten
M Knoblauch andünsten
M Peperoni und Petersilie dazugeben
W Bohnen mit Einweichwasser dazugießen
H Tomaten und Tomatenmark unterrühren
F Thymian und Rosmarin dazugeben und 4o Min. garen.

inzwischen Kürbis salzen, Wasser ziehen lassen und abtrocknen, in Würfel schneiden und im restlichen

E Olivenöl braten und zu den Bohnen geben
M pfeffern, mit frischer Petersilie bestreuen
W salzen
H mit Balsamicoessig abschmecken.

Buchweizenauflauf

Zutaten:

1oo g	*Buchweizen*
3/8 l	*Gemüsebrühe*
1	*Zwiebel fein würfeln*
1	*Knoblauchzehe fein reiben*
1oo g	*Karotten in Würferl schneiden*
1oo g	*Champignon blättrig schneiden*
2 EL	*Olivenöl, Meersalz, Pfeffer frisch gemahlen*
1 TL	*Curry, Petersilie, Dill, Kerbl, Basilikum,*
5o g	*Erbsen*
2	*Eigelb, 2 Eiweiß*
1oo g	*geriebenen Hartkäse*
1 EL	*Hefeflocken*

F	heißer Topf
F	Buchweizen etwas anrösten
E	Gemüsebrühe angießen und 15 Min. kochen, Herdplatte usschalten und 1o Min. nachquellen lassen.
F	heiße Pfanne
E	Olivenöl erhitzen
M/E	Zwiebel andünsten
E	Karotten, Champignon und Erbsen andünsten
M	Knoblauch dazugeben und nochmals durchrösten und vom Herd nehmen
M	Pfeffer, Curry, Petersilie, Dill, Basilikum und den Käse untermischen
W	salzen
H	Hefeflocken unterrühren
F	Buchweizenmasse unterrühren
E	Kerbl und Eidotter unterrühren
E	Eiweiß ganz steif schlagen und vorsichtig unterheben.

Die Masse in eine gefettete Auflaufform füllen und bei 2oo Grad im Rohr ca. 4o Min. backen.

Kartoffelpüree mit getrockneten Tomaten

Zutaten:

1 kg	*Kartoffel schälen, in Stücke schneiden und in wenig Salzwasser garen*
4 kleine	*Zwiebeln fein hacken*
2	*Knoblauchzehen fein reiben*
100 g	*getrocknete Tomaten hacken*
1/2 Bd.	*Basilikum oder 1 TL getrocknet*
100 ml	*Olivenöl, Pfeffer, Meersalz*
50 g	*Pinienkerne in einer Pfanne ohne Fett goldgelb rösten*

F heißer Topf
E 2 EL Olivenöl erhitzen
M/E Zwiebel anrösten
M Knoblauch andünsten
E restliches Öl dazugeben und vom Herd nehmen
E gestampften Kartoffelbrei dazugeben
E Pinienkerne unterrühren
M Basilikum und Pfeffer unterrühren
W salzen
H Tomatenwürfel unterheben

In eine gefettete Auflaufform füllen, etwas mit Olivenöl beträufeln und kurz im Rohr überbacken.
Als Hauptgericht mit warmem Salat servieren, kann aber auch als Beilage serviert werden.

Scharfer Duftreis mit Marillen-Tomatengemüse

Zutaten:

150 g	*getrocknete Marillen halbieren und in*
150 ml	*Gemüsebrühe 1 Stunde quellen lassen*
30 g	*frische Ingwerwurzel grob hacken und mit*
100 g	*Kokosflocken in 1 l Wasser geben und 30 Min. bei schwacher Hitze kochen abseihen und Kokosflocken ausdrücken, die so entstandene Kokosmilch aufheben*
1/2 TL	*Chili*
25 g	*Butterschmalz, Meersalz*
200 g	*Basmatireis,*
20 g	*Butter*
2	*Knoblauchzehen fein reiben*
1 Dose	*geschälte Tomaten (800 g EW) grob hacken*
1/4 TL	*Kreuzkümmel*
50 g	*Cashewkerne, 2 Stk. Sternanis*
1/2 TL	*scharfes Currypulver*
1 TL	*schwarzen Kümmel*
2 EL	*Estragonblätter od. 1 EL getrocknet*

F	heißer Topf
E	5 g Butterschmalz erhitzen
M	Chili andünsten
E	Kokosmilch angießen
M	Sternanis zugeben
E	Butter unterrühren
M	Basmatireis einstreuen
W	salzen und 25 Min. kochen

F heißer Topf
E 15 g Butterschmalz erhitzen
M Knoblauch andünsten
E Marillen und Gemüsefond dazugeben und schmoren, bis die Flüssigkeit verdampft ist, Estragon dazugeben
M Kreuzkümmel unterrühren
W salzen
H Tomaten ohne Saft einrühren

F heißer Topf
E restliches Butterschmalz erhitzen und
E Nüsse anrösten
M mit Curry und Schwarzkümmel würzen
W etwas salzen und über den Reis streuen.

den Reis mit der Tomaten-Marillensauce servieren.

Überbackener Fenchel

Zutaten:

35o g	*Zwiebel fein würfeln*
1/2 Bd.	*Suppengrün fein würfeln*
1	*Knoblauchzehe reiben*
3 EL	*Olivenöl*
1 Dose	*Tomaten (5oo g EW) grob hacken*
	Meerasalz, 1 EL Honig, 1/2 TL Paprika
1	*Lorbeerblatt, Pfeffer frisch gemahlen*
1 kg	*Fenchel vierteln und 3 Min. vorgaren, Fenchelgrün hacken und zur Seite geben,*
25o g	*Mozzarella in Scheiben schneiden*
1 EL	*Olivenöl, 5o g Pinienkerne rösten*

F	große Pfanne erhitzen
E	Olivenöl erhitzen
M/E	Zwiebel glasig dünsten
E	Suppengrün und Honig dazugeben
M	Knoblauch andünsten, Lorbeerblatt dazugeben
W	salzen
H	Tomaten mit Saft unterrühren
F	Paprika unterrühren und bei mittlerer Hitze und offenem Topf dicklich einkochen
E	abgetropften Fenchel dazugeben und 1o Min. zugedeckt dünsten, wenden und nochmals 1o Min. dünsten.

Alles in eine gefettete Auflaufform füllen, Backofen auf 2oo Grad vorheizen. Mozzarella auf dem Fenchel verteilen, pfeffern und mit Olivenöl beträufeln und 6–8 Minuten überbacken.

Vor dem Servieren die gerösteten Pinienkerne und Fenchelgrün darüberstreuen.

Grundrezept für Buchweizennudeln

Zutaten:

300 g	*Buchweizen fein mahlen*
200 g	*Weizenvollmehl*
3	*Eier, Prise Kümmel*
1/2 TL	*Meersalz*
1 EL	*Olivenöl*

H	Weizenmehl in eine Schüssel geben
F	Buchweizenmehl untermischen
E	Eier und Öl unterarbeiten
M	Prise Kümmel
W	3–5 EL Wasser und Meersalz

einen festen Teig kneten 1/2 Stunde ruhen lassen, dünn ausrollen und Nudeln schneiden.
Die Nudeln 15 Min. ruhen lassen und anschließend in Salzwasser kochen.

Linsen-Paprikagemüse

Zutaten:

1	*Zwiebel fein hacken*
1	*Knoblauchzehe fein reiben*
1 EL	*Olivenöl*
15o g	*rote Linsen*
1 TL	*getrocknete Gemüsebrühe*
1/2	*rote Paprika in kleine Würferl schneiden*
1 EL	*Tomatenmark, Meersalz, Kräutersalz*
1 Msp.	*Cayennepfeffer, eine Prise Paprika,*
2 EL	*frische Petersilie*

F	heißer Topf
E	Olivenöl erhitzen
M/E	Zwiebel andünsten
M	Knoblauch andünsten
W	Linsen dazugeben und 25o ml Wasser und 2o Min. garen.
H	Tomatenmark unterrühren
F	Prise Paprika
E	getrocknete Gemüsebrühe und Paprikawürferl zugeben und garen.
M	Mit Pfeffer und Petersilie würzen
W	salzen.

Mit Buchweizennudeln servieren (siehe 253).

Weißkraut mit Erbsen

Zutaten:

500 g	*Weißkraut fein hacken*
250 g	*Kartoffel in 1 cm Würferl schneiden*
2 mittelgroße	*Tomaten (Dose) hacken*
5 EL	*Butterschmalz*
3	*Lorbeerblätter*
1/2 TL	*Kreuzkümmel*
1 TL	*Kurkuma*
1/2 TL	*Chili*
1 1/2 TL	*Kreuzkümmelpulver*
1 TL	*Korianderpulver*
1/2 TL	*Zucker, Meersalz*
150 g	*Erbsen*

F heißer Topf
E Butterschmalz erhitzen
M Lorbeerblatt und Kreuzkümmelsamen 1 Min. braten
E Weißkraut und Kartoffel dazugeben und 3 Min. braten
M Chili, Kreuzkümmel, Koriander dazugeben
W salzen
H Tomaten unterrühren
F Kurkuma unterrühren und 15 Min. schmoren.
E Erbsen dazugeben und Zucker und 10 Min. schmoren.

Dazu serviert man Reis mit einem Stück Ingwer gekocht oder indisches Brot.

Reis im Winter nur mit einem Stück frischen Ingwer kochen, sonst ist er energetisch zu kalt.

Kürbis mit Kichererbsen

Zutaten:

5o g	*braune Kichererbsen in 1/4 l Wasser über Nacht einweichen*
1oo g	*Kürbis in 3 cm Stücke schneiden*
3 mittelgroße	*Kartoffeln in Stücke schneiden*
2	*Zwiebeln in Halbringe schneiden*
2	*Knoblauchzehen reiben*
6 EL	*Olivenöl, 1 TL Kreuzkümmel, 1 TL Kurkuma*
1 TL	*Paprika, 1 TL Koriander gemahlen 1/2 TL Chili Meersalz, 1 TL Zucker, 2 TL Garam Masala*
1 EL	*Hefeflocken*

F tiefen Topf erhitzen
E Olivenöl erhitzen
M Kreuzkümmel 1 Min. braten
M Zwiebel und Knoblauch braten, bis sie etwas braun werden
E Kartoffelstücke 2 Min. anbraten
M Kreuzkümmel, Koriander, Chili 2 Min. rösten
W Kichererbsen, 1/4 l lauwarmes Wasser und Meersalz dazugeben und kochen, bis die Kichererbsen weich sind
H Hefeflocken unterrühren
F Paprika und Kurkuma dazugeben
E Zucker und die Kürbisstücke unterheben und ca. 1o Min. kochen.

Kurz vor dem Servieren Garam Masala unterrühren,
mit Chapatis und Chutney servieren.

Garam Masala:

5o g	*Koriandersamen,*
1 EL	*Kreuzkümmelsamen,*
1 TL	*Pfefferkörner,*
5	*grüne Kardamomkapseln,*
6	*Stk Zimtrinde (ca. 5 cm),*
6	*Nelken in einer*

Pfanne ohne Fett bei mittlerer Hitze rösten, bis die Gewürze duften, dann herausnehmen und abkühlen lassen.
Zimtrinde zerstoßen und alles in einer Gewürzmühle mahlen.

Gemüsebällchen

Zutaten:

1o	*mittelgroße Tomaten (Dose) zerdrücken*
4 cm	*frischen Ingwer fein reiben*
2 EL	*Butterschmalz, 1/4 TL Chili*
1 TL	*Kreuzkümmelpulver*
1 TL	*Kurkuma, Meersalz,*
2oo g	*Schafjoghurt*
25o g	*Karfiol in Stücke schneiden*
45o g	*Kartoffel vierteln*
1/2 Bd.	*Petersilie hacken*
15o g	*Kicherbsenmehl, 1 TL Garam Masala*
1/2 TL	*Pfeffer, Öl zum Fritieren*

F heißer Topf
E Butterschmalz erhitzen
M Chili, Ingwer und Kreuzkümmel 2 Min. anbraten
W salzen
H Tomaten unterrühren
F Kurkuma dazugeben und 2o Min. offen köcheln lassen
H Joghurt dazugeben und zugedeckt beiseite stellen.

F in einem Topf mit kochendem Wasser ein Dunstsieb einlegen
E Kartoffelviertel und Karfiol über Dunst garen und dann mit der Kartoffelpresse zerdrücken
M Petersilie, Garam Masala, Pfeffer untermischen
W salzen und das Kichererbsenmehl unterarbeiten. Ist die Masse zu feucht, noch Kichererbsenmehl unterarbeiten.
Ca. 2o Bällchen formen, Durchmesser ungefähr 4 cm, portionsweise in Öl fritieren bis sie goldbraun sind.

Bällchen in eine Schüssel geben und die fertige Soße darübergießen.

Warm mit Chapati und Chutney servieren.

Krautstrudel

Strudelteig nach Grundrezept S.144 zubereiten

Zutaten:

15oo g	*Weißkraut fein nudelig schneiden*
2	*Knoblauchzehen fein reiben*
1oo g	*Zwiebel in Ringe schneiden*
1oo g	*geräucherter, durchwachsener Speck in feine Würfel geschnitten*
5o g	*Öl, Mehl, Meersalz, 1/8 l Gemüsebrühe*
4 EL	*Weißweinessig*
4 TL	*Kümmel, Pfeffer aus der Mühle*
1 EL	*brauner Zucker*

F	großen Schmortopf erhitzen
E	Öl und Speck anrösten
M/E	Zwiebel andünsten
M	Knoblauch andünsten
E	Kraut zugeben und unter öfterem Umrühren 1o–12 Min. garen
E	mit 2 EL Mehl stauben und
E	mit Gemüsebrühe aufgießen und weitere 1o–12 Min. garen.
E	Zucker unterrühren
M	Kümmel und Pfeffer unterrühren
W	salzen
H	mit Essig abschmecken und erkalten lassen.

Strudelteig ausziehen (ich mache immer 2 Strudel aus einer Portion, läßt sich leichter auf's Blech legen) mit Öl bepinseln, füllen, aufrollen,

Ein köstliches Wintergericht, Ihre Familie wird Ihnen zu Füßen liegen!

Köstliche Beilagen zu Fleisch

Schalotten in Orangen-Ingwersud

Zutaten:

4oo g	*Schalotten*
3 EL	*Olivenöl*
3 EL	*Balsamicoessig, Saft von 2 Orangen (Schale von 1 Orange in ganz feine Streifen schneiden)*
3 EL	*Rosinen, 3 EL Sonnenblumenkerne*
1 EL	*geriebenen frischen Ingwer, Meersalz*
	Honig nach Belieben

F heißer Topf
E Olivenöl erhitzen
M/E Schalotten anbraten
E Sonnenblumenkerne und Rosinen dazugeben
M Ingwer und Orangenschale unterrühren
W salzen
H Balsamicoessig dazugeben und einkochen lassen
H Orangensaft dazugeben und 15 Min. köcheln lassen.
Warm oder kalt servieren.

Lauch in Sherry-Marinade

Zutaten:

3 Stangen	*Lauch in 1o cm lange Stücke schneiden und in wenig Wasser garen*
1	*Zwiebel fein hacken*
1	*Knoblauchzehe fein reiben*
2 EL	*Olivenöl, 2 EL Weißwein, 2 EL Sherry, Saft von 1/2 Zitrone, 1 TL Meersalz, Pfeffer,*
2 Stangen	*Frühlingszwiebel in feine Ringe schneiden*

F heißer Topf
E Ölivenöl erhitzen
M/E Zwiebel leicht andünsten
M Knoblauch andünsten und von der Herdplatte nehmen
M Lauch unterheben
M Weißwein, Pfeffer und Sherry unterrühren
M Frühlingszwiebel dazugeben
W salzen
H mit Zitronensaft abschmecken und durchziehen lassen.

Köstliche Beilagen zu Fleisch

Rote Rüben – Gemüse

Zutaten:

75o g	*rote Rüben in Streifen schneiden*
3o g	*Butterschmalz*
175 ml	*Rotwein*
1	*Apfel gewürfelt*
1/2 TL	*Koriander gemahlen, Pfeffer*
	Meersalz, 1–2 EL Balsamicoessig

F heißer Topf
E Butterschmalz erhitzen
F rote Rüben andünsten und mit Rotwein ablöschen
E Apfel dazugeben
M Koriander und Pfeffer unterrühren
W salzen
H Balsamicoessig unterrühren und 3o Min. garen.

Kümmelkartoffeln

Zutaten:

7oo g	*kleinere Kartoffel schälen und in Scheiben schneiden*
1 EL	*Olivenöl*
1 TL	*Kümmel*
	Meersalz

E Olivenöl zum Auflaufform ausstreichen
E Kartoffel dachziegelartig einschichten
M mit Kümmel bestreuen
W salzen und im Backofen bei 2oo Grad goldbraun backen.

Kartoffel geben normalerweise wenig Energie, aber durch diese Art der Zubereitung werden sie sehr wertvoll, besonders im Winter.

Linsentopf mit Gänsekeulen

Zutaten:

400 g	*Linsen in 3/4 l Wasser einweichen*
1/8 l	*Rotwein*
1 EL	*Olivenöl*
2	*Gänsekeulen (auch Ente oder Truthahn)*
	Meersalz, Pfeffer, 1/2 TL Thymian,
2	*Karotten in Scheiben schneiden*
150 g	*Sellerie in Würfel schneiden*
1 Stange	*Lauch in Ringe schneiden*
2	*Äpfel in Scheiben schneiden*
1 TL	*Zucker, 2 EL Balsamicoessig*

F heißer Topf
E Fett erhitzen
M Gänsekeulen einlegen und rundherum braun anbraten, den Schmortopf schließen und im vorgeheizten Rohr bei 200 Grad 1,5 Std. schmoren, den Deckel weggeben und
E Karotten und Sellerie anschmoren
M Lauch dazugeben und andünsten
W salzen
W Linsen mit dem Einweichwasser dazugeben
H Balsamicoessig unterrühren
F Rotwein angießen, Thymian unterrühren und im geschlossenen Topf weitere 45 Min. schmoren, bis die Linsen weich sind.
E Äpfel in Öl anbraten und etwas Zucker dazugeben und vorsichtig unter den Eintopf heben.

Vor dem Servieren etwas durchziehen lassen.

Eintopf mit Rindfleisch, Karotten und Gerste

Zutaten:

5oo g	*Rindfleisch in Würfel schneiden*
2 EL	*Olivenöl*
2 große	*Zwiebeln in Halbringe schneiden*
3	*Knoblauchzehen fein reiben*
2	*Fleischtomaten (Dose) grob hacken*
1	*Lorbeerblatt, 1/2 TL Thymian*
	Meersalz, Pfeffer aus der Mühle
3/8 l	*Rotwein, 2oo g Schalotten*
25o g	*Karotten in Stücke schneiden*
1oo g	*Gerste*
1 Bd.	*Petersilie fein hacken,*
1/2 l	*Gemüsebrühe*

F	Heißer Schmortopf
E	Öl erhitzen
E	Rindfleisch anbraten und herausnehmen
M/E	Zwiebel andünsten
M	Knoblauch dazugeben
E	Fleisch wieder dazugeben
M	Lorbeerblatt und die Gerste dazugeben, pfeffern
W	salzen
H	Tomatenwürfel unterheben
F	Rotwein angießen und Thymian dazugeben
E	Gemüsebrühe angießen und 1 Std. schmoren.
E	Karotten unterrühren, wenn notwendig, noch Gemüsebrühe angießen
M	Schalotten unterrühren und nochmals 45 Min. schmoren. Mit Petersilie bestreuen, wenn notwendig,
W	salzen.

Eintopf mit Hühnermägen und -herzen

Zutaten:

500 g	*Hühnermägen und -herzen gemischt, Fett entfernen und halbieren*
1	*Zwiebel halbieren und in Scheiben schneiden*
2 mittlere	*Kartoffeln schälen, würfeln, ca. 3 cm*
2 große	*Karotten in dicke Scheiben schneiden*
250 g	*Fisolen in Stücke schneiden*
100 ml	*Sake oder Sherry*
1 TL	*Honig oder Zucker*
	je eine Prise Sternanis, Pfeffer, Fenchel, Nelken und Zimt, zusammen 1/2 TL gemahlen
2	*Knoblauchzehen fein gerieben*
1	*Scheibe frischer Ingwer ca. 5 mm breit*
1	*Dose Tomaten mit Soße hacken, ca. 300 g*
4 EL	*Sesamöl, Meersalz, Prise Paprika*

F	heißer Topf
E	Sesamöl erhitzen
M/E	Zwiebel anbraten
M	Knoblauch dazugeben
W	Prise Meersalz dazugeben
H	Hühnermägen und -herzen anbraten
H	Tomaten unterrühren
F	kleine Prise Paprika unterrühren
E	Zucker, Fenchel und Zimt unterrühren, Fisolen, Kartoffel Karotten und
M	Sternanis, Pfeffer, Nelken, Ingwer und Sake und alles zusammen 1 1/2 Stunden köcheln lassen.
W	salzen.

Vor dem Servieren die Ingwerscheibe entfernen.

Dieses Gericht ist bestens bei Nieren-Jin-Mangel geeignet, überhaupt ist es ein generelles Stärkungsmittel.

Sie können auch jedes andere Fleisch für den Eintopf verwenden, Ihrer Kreativität sind keine Grenzen gesetzt.

Linseneintopf mit Lamm

Zutaten:

5oo g	*Lammschulter*
1 Bd.	*Suppengrün in Stücke schneiden*
3	*Lorbeerblätter*
1 EL	*weiße Pfefferkörner*
1	*Petersilienstengel*
4	*Zweige Rosmarin*
375 g	*Linsen getrocknet, 1 EL gekörnte Gemüsebrühe*
375 g	*Karotten in Scheiben schneiden*
1 Bd.	*Petersilie fein hacken*
	Meersalz, Pfeffer, 1/8 l Rotwein,
1 EL	*Balsamicoessig*
3 EL	*Olivenöl*

F heißer Topf
E Ölivenöl erhitzen
F Lammschulter rundherum anbraten und Rosmarin dazugeben
E Suppengrün beigeben
M Petersilienstengel, Pfeffer, Lorbeerblätter kurz anrösten
W 2 l lauwarmes Wasser angießen und bei milder Hitze im offenen Topf 7o Min. kochen.
Das Fleisch aus der Brühe nehmen, in Würfel schneiden.
Die Brühe durch ein Sieb schütten und wieder in den Topf geben.
W Linsen dazugeben und ca. 5o Min. garen, bis sie weich sind.
F Lammfleisch hineingeben
E Karotten dazugeben und 15 Min. garen
M Pfeffer dazugeben
W salzen
H Balsamicoessig unterrühren
F Rotwein unterrühren
E Gemüsebrühe dazugeben und nochmals aufkochen
M mit frischer Petersilie bestreuen.

Schmortopf (Stifàdo)

Zutaten:

800 g	*Kalbfleisch in 5 cm große Würfel schneiden*
3/8 l	*Rotwein*
2	*Lorbeerblätter*
1	*Zimtstange*
2	*Gewürznelken*
800 g	*Schalotten schälen*
4	*Knoblauchzehen*
300 g	*Fleischtomaten aus der Dose würfeln*
6 EL	*Olivenöl, 1/2 TL Zucker*
	Meersalz und Pfeffer

F	Rotwein in eine Schüssel geben
E	Kalbfleisch hineinlegen mit der Zimtstange
M	Lorbeerblatt und Nelken und über Nacht im Kühlschrank marinieren, dann abtropfen lassen. (Marinade aufheben)

F	heißer Topf
E	Olivenöl erhitzen
E	Fleisch portionsweise rundherum anbraten und herausnehmen
M/E	Schalotten glasig dünsten
M	Knoblauch glasig dünsten
W	salzen
H	Tomaten unterrühren
F	Rotweinmarinade angießen
E	das Fleisch dazugeben
E	Zucker unterrühren
M	pfeffern und zugedeckt 1 1/4 Std. schmoren.

Dazu paßt Fladen- oder Stangenweißbrot.

Pichelsteiner

Zutaten:

600 g	*gemischtes Fleisch (Rind, Lamm etc.) in Würfel schneiden*
3	*Zwiebeln grob würfeln*
2 EL	*Olivenöl, Majoran, Pfeffer, Meersalz*
300 g	*Kartoffel schälen, in Würfel schneiden*
300 g	*Karotten in Scheiben schneiden*
2 Stangen	*Lauch in Ringe schneiden*
200 g	*Sellerie klein würfeln*
400 g	*Weißkraut in Stücke schneiden*
500 ml	*Fleischbrühe*
1/2 Bd.	*Petersilie*

F	großen Topf erhitzen
E	Öl erhitzen
F	Lammfleisch anbraten
E	Rindfleisch anbraten
M	Zwiebel andünsten
M	Majoran und Pfeffer zugeben
W	salzen und vom Herd nehmen
	2/3 davon herausnehmen. Das geschnittene Gemüse mischen.

Das verbleibende Drittel des Fleisches mit 1/3 des Gemüses bedecken, darauf das 2. Drittel des Fleisches geben – 1/3 des Gemüses darauf, dann das letzte Drittel des Fleisches und wieder mit Gemüse abdecken. Ordentlich salzen und pfeffern, Fleischbrühe angießen, Deckel daraufgeben und 1 1/2 Stunden bei mäßiger Hitze garen.

Irish Stew

Zutaten:

800 g	*Lammfleisch in Würfel schneiden*
1	*weiße Rübe würfeln, Lammknochen*
4	*Zwiebeln in Ringe schneiden*
4	*Karotten in Scheiben schneiden*
3 Stangen	*Lauch in Ringe schneiden*
	Thymian, Petersilie, Lorbeerblatt, Meersalz, Pfeffer
2 EL	*Öl, 1 EL Hefeflocken*
6	*Kartoffeln würfeln*
100 g	*Weißkraut in Streifen schneiden*
	Worcestershiresoße
1 Bd.	*Petersilie fein gehackt*

F	großen Topf erhitzen
E	Öl erhitzen
F	Lammfleisch leicht andünsten, Knochen dazugeben und Thymian
E	Karotten dazugeben, ebenso die Rüben
M	Lauch, Zwiebel, Pfeffer, Lorbeerblatt und Petersilienstengel
W	Lauwarmes Wasser angießen, daß alle Zutaten bedeckt sind und salzen. 1 Stunde köcheln lassen, den immer wieder entstehenden Schaum abschöpfen.
H	Hefeflocken einstreuen
F	Prise Thymian
E	Kartoffelwürfel zugeben und 30 Min. kochen
E	Kraut dazugeben und weitere 5 Min. kochen. Thymianzweig, Petersilienstengel, Lorbeerblatt und Knochen herausnehmen und das Gericht mit
M	Worcestershiresoße abschmecken und mit Petersilie bestreuen.

Kalbsbeuschel

Zutaten:

800 g	*Kalbsbeuschel (Lunge und Herz)*
300 g	*Karotten, Sellerie, Petersilienwurzel und Lauch, zerkleinert*
1	*Zwiebel halbiert,*
1	*Lorbeerblatt, Pfefferkörner, 1 Zweig Thymian,*
3 EL	*Butterschmalz, Prise Zucker*
2	*Gewürzgurken in kleine Würferl schneiden, 2 EL Mehl*
1 TL	*Kapern hacken, 1 Sardellenfilet hacken, 1 Knoblauchzehe hacken*
1 Bd.	*Petersilie fein hacken, 1 EL Balsamicoessig*
1 EL	*Zitronensaft, 1 EL Senf, 1 TL Majoran, Meersalz, weißer Pfeffer, 1 EL Weinessig ev.*
1 Becher	*Sauerrahm*

W 2 l kaltes Wasser in einen großen Topf geben und salzen
H Weinessig dazugeben
F Thymian hineingeben
E Beuschel, Karotten und Sellerie dazugeben
M 1 Zwiebelhälfte, Lorbeerblatt und Pfefferkörner, Petersilienwurzel und Lauch dazugeben und 1 Stunde weich kochen und dann abkühlen lassen.

Inzwischen:

F heißer Topf
E Butterschmalz erhitzen und Zucker etwas bräunen
M die 2. Zwiebelhälfte fein hacken und anbraten
M Knoblauch und Petersilie anbraten
E mit Mehl stauben
M Kapern zerkleinert unterrühren
W Sardellenfilet dazugeben
H die Gewürzgurke und Zitronensaft unterrühren
W mit so viel Kochwasser aufgießen,
daß eine sämige Soße entsteht, 30 Min. köcheln und
anschließend durch ein Sieb passieren oder pürieren.
H mit Balsamicoessig abschmecken
F kleine Prise Thymian unterrühren
E das Beuschel in feine Streifen schneiden und unterrühren
M Majoran, Senf und Pfeffer unterrühren und
nochmals 10 Min. köcheln.
W Salzen und
H mit Weinessig abschmecken.

Man kann das Beuschel mit einem Klecks Sauerrahm servieren,
das ist Geschmackssache. Gesünder ist es ohne!

Französischer Fleischtopf mit Oliven

Zutaten:

35o g	*Rindfleisch würfeln*
5oo g	*Lammfleisch würfeln*
5oo g	*Schweinefleisch würfeln*
1oo g	*durchwachsener Speck fein würfeln*
3oo g	*Zwiebeln fein hacken*
4 EL	*Olivenöl*
6o g	*Korinthen, 1 EL Balsamicoessig*
1	*Knoblauchzehe fein reiben*
1 TL	*Thymian*
1 TL	*Rosmarin, Meersalz, Pfeffer*
1/4 l	*Rotwein*
1 TL	*grüner, eingelegter Pfeffer*
5o g	*gefüllte Oliven in Scheiben schneiden*
3 EL	*Cognac*

F	heißer Topf
E	Olivenöl erhitzen
F	Lammfleisch bräunen und herausnehmen
E	Rindfleisch bräunen und herausnehmen
E	Schweinefleisch bräunen und herausnehmen
E	Speck ausbraten
F	Lammfleisch wieder in den Topf geben
E	auch das Rindfleisch und Schweinefleisch
E	Korinthen unterrühren
M	Zwiebel andünsten
M	Knoblauch andünsten und mit Pfeffer würzen
W	salzen
H	Balsamicoessig unterrühren
F	Thymian, Rosmarin und 1/8 l Rotwein untermischen und 2o Min. schmoren.
F	den restlichen Rotwein angießen und 4o Min. schmoren.
E	Oliven und etwas Brühe (wenn zu dick) dazugeben
M	Pfefferkörner einstreuen und nochmals 1o Min. köcheln
M	Cognac zugeben und ev.
W	salzen.

Dazu paßt Baguette, Kartoffeln, Spätzle oder Salat.

Fisch in Salzkruste

Zutaten:

3oo g	*grobes Meersalz*
6oo g	*Mehl*
1,5 kg	*Lachs im Ganzen oder Dorsch etc.*
1 Bd.	*Petersilie hacken*
1 Bd.	*Thymian hacken oder getrockneten verwenden*
	Meersalz, Pfeffer frisch gemahlen
2 EL	*Zitronensaft, 2 EL Olivenöl*
	Mehl zum Bearbeiten und Fett für das Backblech

Aus 35o ml Wasser, dem Meersalz und Mehl einen glatten Teig kneten.

Den Fisch waschen, trockentupfen und mit einer Mischung aus:

F Thymian
E Olivenöl
M Petersilie und Pfeffer
E Meersalz und
H Zitronensaft

den Bauch füllen.

Den Teig halbieren, die eine Hälfte zu einem Oval ausrollen und auf ein gefettetes Blech legen. Den Fisch darauflegen.
Die zweite Teighälfte ebenfalls zu einem Oval ausrollen und auf den Fisch legen, die Ränder fest andrücken.
Den Teig mehrmals mit einer Gabel einstechen.

Im Rohr bei 2oo Grad auf der 2. Einschubleiste von unten 1 1/4 Stunden backen. Danach auf einem Rost 1o Min. ruhen lassen.
Die Salzkruste mit einem Sägemesser rund um den Fisch aufschneiden, abheben und wegwerfen.

Sie werden überrascht sein, wie herrlich dieser Fisch schmeckt, er ist außerdem ein geballtes Nierentonicum.

Lauch-Lachs-Schnitten

Zutaten:

800 g	*mehlige Kartoffel kochen und durch die Kartoffelpresse drücken*
100 g	*Butterschmalz, Prise Thymian*
60 g	*Mehl, Pfeffer frisch gemahlen*
3	*Eier, Meersalz, Muskatnuß frisch gerieben*
400 g	*Lachsfilet, 2 TL Zitronensaft*
600 g	*Lauch in dünne Ringe schneiden*

E durchgepreßte Kartoffel in eine Schüssel geben
E 80 g Butterschmalz unterrühren
E die Eidotter unterrühren
M Muskatnuß unterrühren
W salzen
H Dinkelmehl unterarbeiten
F Prise Thymian
E Eiweiß steif schlagen und unterheben

Inzwischen den Fisch mit Zitronensaft beträufeln.

F heiße Pfanne
E restliches Butterschmalz erhitzen
M Lauch einrühren und weichdünsten
M pfeffern
W salzen

Ein Backblech mit Alufolie belegen, leicht einfetten und mit Mehl bestäuben. Die Hälfte der Kartoffelmasse zu einem Rechteck von 24x10 cm auf das Blech streichen, die Hälfte vom Lauch darauf verteilen, darauf das Lachsfilet legen und mit der 2. Hälfte der Lauchmasse zudecken und leicht andrücken. Die restliche Kartoffelmasse darauf verteilen und im vorgeheizten Rohr bei 250 Grad ca. 20–30 Min. backen. Anschließend ca. 8 Min. ruhen lassen.

Mit einem scharfen Messer, am besten geeignet ist ein Elektromesser, in 8 Scheiben schneiden und auf vorgewärmten Tellern servieren.

Dazu passen sehr gut eine Dillsauce und ein warmer Salat.

Wintermarmelade

Zutaten:

25o g	*Trockenpflaumen entsteint und klein geschnitten*
2 EL	*feingehackte Walnüsse*
1/2 TL	*Zimt*
1 Msp.	*Nelken gemahlen*
1 Msp.	*Muskatnuß, 1 EL Cognac,*
1–2 EL	*Zitronensaft*
2 EL	*Honig*

E Pflaumen mit Zimt und Honig vermischen
M Cognac dazugeben und pürieren
E Walnüsse untermischen
M Nelken und Muskat
W Spritzer Wasser unterrühren
H Zitronensaft unterrühren

In heiß ausgewaschenen Schraubgläsern hält sich die Marmelade 4 Wochen.

Tomatenchutney

Zutaten:

6	*Tomaten aus der Dose würfeln*
1 Stk.	*frischen Ingwer ca. 3 cm, fein gerieben*
1oo g	*Rosinen, 6 EL Zucker*
1/2 TL	*Kurkuma, Meersalz, 2 TL Butterschmalz*
1 TL	*Fünfgewürzemischung (Bochshornkleesamen, Kreuzkümmelsamen, Senf- und Zwiebelsamen, Fenchel zu gleichen Teilen)*
1 TL	*Fenchel, 1 TL Kreuzkümmel*
	Saft von 1/2 Zitrone

H	Tomatenwürfel in einen Topf geben
F	Kurkuma unterrühren
E	Rosinen und Zucker unterrühren
M	Ingwer dazugeben und 15 Min. kochen lassen
M	Fünfgewürzemischung in Butterschmalz zuerst angebraten, dazugeben
M	Fenchel und Kreuzkümmel ohne Fett anrösten und in einer Gewürzmühle mahlen und dazugeben
W	salzen und alles gut verrühren und gut durchkochen
H	mit Zitronensaft abschmecken

Noch heiß in Schraubgläser füllen. Hält im Kühlschrank sicher 3 Wochen.

Walnußbrot

Zutaten:

3o g	*Germ*
1 TL	*Meersalz*
1 TL	*Kräutersalz*
1 EL	*Honig*
3oo g	*feines Dinlkelmehl*
2oo g	*feines Weizenmehl*
12o g	*Walnüsse*
5o g	*Butter zerlassen*
25o ml	*Wasser, Prise Thymian*

Aus Germ, Honig und 5 EL lauwarmem Wasser ein Dampfl machen.

W Wasser mit Salz mischen und mit
H Dampfl, Dinkel- und Weizenmehl vermischen
F Prise Thymian unterrühren

1o Min. kneten und 3o Min. zugedeckt ruhen lassen.

E Walnüsse und flüssige Butter unterarbeiten und 1o Min. kneten.

Den Teig zu einem Laib formen, auf ein gefettetes Backblech setzen und 2o Min. gehen lassen.

Den Backofen inzwischen auf 22o Grad vorheizen,
1 Schale Wasser hineinstellen, das Brot kreuzweise einschneiden, mit Wasser bestreichen und 3o–4o Min. backen.

Kräutertaler

Zutaten:

3oo g	*Dinkelmehl*
1/2 TL	*Weinsteinbackpulver*
15o g	*kalte Butter*
1 TL	*Meersalz*
1 EL	*Petersilie fein gehackt*
1 EL	*Basilikum*
1 EL	*Oregano, ersatzweise getrocknete Kräuter*
2	*Knoblauchzehen fein gerieben*
1	*Ei, 1 Eigelb*
3 EL	*Sauerrahm*
5o g	*Parmesan frisch gerieben*
1 EL	*Thymian getrocknet*

H Dinkelmehl mit Backpulver mischen und 1 EL Sauerrahm
F Oregano untermischen
E Butter in Flocken und 1 Ei unterarbeiten
M Knoblauch, Petersilie, Basilikum unterkneten
W salzen und durchkneten

und den Teig 6o Min. zum Rasten in den Kühlschrank legen.

Dann den Teig dünn ausrollen, Taler ausstechen, diese auf ein gefettetes Blech legen. Ofen auf 18o Grad vorheizen. Restlichen Sauerrahm mit dem Eigelb vermengen, die Taler damit bestreichen. Parmesan und Thymian vermischen und über die Taler streuen, 15–2o Min. backen.

Kichererbsenpaste

Zutaten:

150 g	*Kichererbsen in 400 ml kaltem Wasser über Nacht einweichen. Einweichwasser weggießen und in frischem Wasser weichkochen und abtropfen lassen.*
250 ml	*Wasser, 1 EL gekörnte Gemüsebrühe*
2 EL	*Olivenöl, Prise Rosmarin*
1 kleine	*Zwiebel fein würfeln*
1 EL	*Hefeflocken*
1	*Knoblauchzehe reiben*
2 EL	*feingehackte Petersilie*
1/2 TL	*Kreuzkümmel gemahlen*
	Meersalz und schwarzer Pfeffer frisch gemahlen

W Kichererbsen mit dem Wasser pürieren

H Hefeflocken unterrühren
F Prise Rosmarin untermischen
E Olivenöl und Gemüsepaste unterrühren
M Zwiebel, Knoblauch, Petersilie, Kreuzkümmel und Pfeffer unterrühren
W salzen

Im Kühlschrank, am besten in Schraubgläsern, aufbewahren.

Forellen-Ziegenkäse-Aufstrich

Zutaten:

3	*feingehackte Schalotten*
3 EL	*Olivenöl*
250 g	*geräucherte Forelle fein zerpflücken*
250 g	*Ziegenfrischkäse*
125 g	*Topfen*
80 g	*Butter*
1 TL	*Zitronensaft*
	Einige Spritzer Tabasko
2 EL	*Petersilie gehackt*

F	heißer Topf
E	Öl erhitzen
M/E	Schalotten glasig dünsten
F	2 EL kochendes Wasser dazugeben – aufkochen und auskühlen lassen.
F	Ziegenkäse unterrühren
E	Butter unterrühren
M	Petersilie und Tabasko unterrühren
W	Forellenfilet zerpflückt unterrühren, wenn nötig salzen
H	Topfen unterrühren
H	mit Zitronensaft abschmecken

mit einem Schneidstab pürieren und mind. 2 Std. durchziehen lassen.

Mit Petersilienblättern und Zitronenscheiben garnieren und mit geröstetem Vollkorntoast servieren.

Buchweizenfrühstück

Zutaten:

200 g	*Buchweizen*
400 ml	*kochendes Wasser*
1 EL	*Honig*
	Prise Nelkenpulver, Meersalz
2 EL	*Olivenöl*
4 EL	*Pistazien gehackt,*
4 EL	*Rosinen, 4 Birnen in Stücke geschnitten*
	Prise Zimt

F Buchweizen in einem Topf ohne Fett anrösten
F kochendes Wasser angießen und zugedeckt weich kochen
E 1 EL Honig unterziehen
M kleine Prise Nelkenpulver,
W salzen.

F heißen Topf
E Olivenöl erhitzen
E Pistazien und Rosinen anbraten
E die Birnenstücke dazugeben und weich garen
M mit etwas Zimt würzen.

Kürbiskompott

Zutaten:

500 g	*Kürbis in Würfel schneiden*
300 g	*Dörrobst (Birnen, Datteln, Feigen, Äpfel, Marillen etc.) in Stücke schneiden*
2–3 EL	*Wasser*
1	*Sternanis*
3	*Gewürznelken*
60 g	*Honig*
1 kleiner	*Zweig Thymian*

F heißer Topf und 3 EL heißes Wasser
E Kürbis und Dörrobst einschichten
M Sternanis, Gewürznelken und Thymian dazugeben,
Topf verschließen und ca. 30 Min. bei kleinster Flamme garen
E Honig unterrühren und auskühlen lassen.

Kürbismus

Zutaten:

5oo g	*Kürbis in Würfel schneiden*
1/2 l	*Weißwein, kleine Prise Kakao*
1/4 l	*Wasser, Zimtrinde, 2 Nelken*
3 cm	*Stück frischen Ingwer,*
1 Pk.	*Vanille*
	Honig nach Geschmack
2 EL	*Maizena, Prise Meersalz*
25o g	*Obers, gehackte Kürbiskerne*
	Spritzer Balsamicoessig

F	heißer Topf
F	Wasser zum Kochen bringen
E	Kürbis und Zimtstange dazugeben
M	Weißwein angießen, Nelken und Ingwer und weich dünsten Nelken, Ingwer und Zimtstange entfernen
W	salzen
H	einen Spritzer Balsamicoessig dazugeben
F	eine kleine Prise Kakao
E	Maizena mit Vanille vermischt und in etwas kaltem Wasser angerührt, einkochen und auskühlen lassen

1/3 vom Fruchtfleisch herausnehmen, den Rest pürieren, das Fruchtfleisch wieder in die Schüssel zurückgeben und

E mit dem geschlagenen Obers vermischen und in kleine Schüsserl füllen ev. mit Klecksen von geschlagenem Obers verzieren, mit Kürbiskernen bestreuen.

Buchweizenblinis mit Preiselbeercreme

Zutaten:

2oo ml	*Milch lauwarm und mit*
1o g	*Germ und 1 TL Honig ein Dampfl bereiten*
5o g	*Buchweizenmehl*
5o g	*feines Weizenmehl*
	Prise Meersalz, Prise Ingwer
1	*Ei, Butterschmalz zum Braten*
1oo ml	*Rotwein*
	Prise Mandarinenschale
25o g	*Preiselbeeren*
2	*Eigelb, Prise Kakao*
5o g	*Ahornsirup*
1 TL	*Agar-Agar*

H Weizenmehl und Dampfl vermischen
F Buchweizenmehl unterheben
E Ei unterheben
M Prise Ingwer unterrühren
W salzen, der Teig soll eine zähflüssige Beschaffenheit haben portionsweise (Durchmesser ca. 1o cm) Blinis in Butterschmalz braten.

Creme:

H pürierte Preiselbeeren (einige ganz lassen)
F Rotwein unterrühren
E Ahornsirup unterrühren
M Mandarinenschale
W Agar-Agar dazu und 1o Min. quellen lassen, dann aufkochen und überkühlen lassen
H die ganzen Preiselbeeren unterrühren
F Prise Kakao unterrühren
E Eigelb unterschlagen und ganz erkalten lassen.

Die Creme zu den Blinis servieren.

Kompott aus Trockenfrüchten

Zutaten:

3	*Feigen getrocknet*
3	*Zwetschgen getrocknet*
3	*Apfelringe getrocknet*
3	*Birnenringe getrocknet*
3	*Marillen getrocknet*
700 ml	*Apfelsaft*
1 Pk.	*Vanillezucker*
	Prise Meersalz
	Honig nach Geschmack, Zitronenschale
1 Msp.	*Kardamom, 1 EL Maizena*

E	Apfelsaft in einen Topf geben
E	Trockenfrüchte dazu und über Nacht einweichen. Am nächsten Tag aufkochen
E	mit Maizena in etwas Wasser angerührt binden und Vanillezucker unterrühren
E	Honig unterrühren und mit Zimt abschmecken
M	mit Kardamom würzen
W	kleine Prise Salz dazugeben und
H	Zitronenschale unterrühren, aufkochen lassen und anschließend erkalten.

Dazu passen ganz gut Hafer-Kartoffelknödel.

Hafer-Kartoffelknödel

Zutaten:

800 g	*gekochte, mehlige Kartoffel durch die Presse drücken fein reiben*
180 g	*mittelgrobes Haferschrot*
2	*Eier, 1 Bd. Petersilie feingehackt,*
1/2	*TL Kräutersalz*
	1 Prise Muskat,

E Kartoffel mit den
E Eiern mischen und
M Haferschrot, Petersilie und Muskat mischen
W salzen und zu einem Teig verkneten

Knödel formen, in Salzwasser kochen, bis sie an die Oberfläche steigen, dann noch 5 Min. ziehen lassen.

Karottenhalwa

Zutaten:

400 g	*Karotten fein raspeln*
3 EL	*Butterschmalz*
2 EL	*Mandelblättchen*
2 EL	*Weizengrieß*
2 EL	*Rosinen*
300 ml	*Milch, 3 EL Zucker*
1 TL	*Kardamompulver*

F heißer Topf
E Butterschmalz erhitzen
E Karotten offen ca. 20 Min. dünsten, immer wieder umrühren, damit die Karotten nicht anbrennen

F heiße Pfanne
E Mandelblättchen und Grieß ohne Fett goldgelb rösten
F großer Topf
E Milch zum Kochen bringen, Zucker und Rosinen dazugeben
E Karotten und Mandelgrießmasse einrühren und bei mittlerer Hitze 15 Min. kochen, bis die Masse eindickt. Ständig umrühren!
M Kardamom unterrühren.
W Prise Meersalz

Die Masse auf einen Servierteller stürzen und auskühlen lassen. Dann in Stücke schneiden und servieren.

Was würden Sie zu einem wunderbaren Tässchen türkischen Kaffe dazu sagen?

Wie man das macht? Ganz einfach:

Messen Sie in einem Topf (oder wenn Sie besitzen, eine türkische Kaffekanne) so viele türkische Kaffeetassen Wasser ab,
als Sie trinken möchten, genauso viele gehäufte Teelöffel fein gemahlenen Kaffee dazu, wenn erwünscht, ebenso viele Löfferl Zucker, etwas Kardamom hineingeben, ordentlich vermischen und auf der Herdplatte drei mal aufwallen lassen. Dann vorsichtig in die Tassen füllen.

Alphabetisches Rezeptregister